预防法学系列丛书

保险合规理论与实务

以保险消费者保护为视角

陈　飞　童卫华　著

法律出版社 | LAW PRESS
北京

图书在版编目（CIP）数据

保险合规理论与实务 ：以保险消费者保护为视角 / 陈飞，童卫华著. -- 北京 ：法律出版社，2024.
ISBN 978 -7 -5197 -9543 -6

Ⅰ. D922.284.4

中国国家版本馆 CIP 数据核字第 2024CP5768 号

保险合规理论与实务：以保险消费者保护为视角
BAOXIAN HEGUI LILUN YU SHIWU：YI BAOXIAN XIAOFEIZHE BAOHU WEI SHIJIAO

陈 飞
童卫华 著

策划编辑 李 军
责任编辑 李 军
装帧设计 贾丹丹

出版发行 法律出版社
编辑统筹 法律应用出版分社
责任校对 朱海波
责任印制 刘晓伟
经　　销 新华书店

开本 710 毫米 × 1000 毫米 1/16
印张 11.25 **字数** 200 千
版本 2024 年 11 月第 1 版
印次 2024 年 11 月第 1 次印刷
印刷 唐山玺诚印务有限公司

地址：北京市丰台区莲花池西里 7 号（100073）
网址：www.lawpress.com.cn
投稿邮箱：info@lawpress.com.cn
举报盗版邮箱：jbwq@lawpress.com.cn

销售电话：010 - 83938349
客服电话：010 - 83938350
咨询电话：010 - 63939796

书号：ISBN 978 - 7 - 5197 - 9543 - 6
定价：68.00 元

凡购买本社图书，如有印装错误，我社负责退换。电话：010 - 83938349

前言

作为服务业的重要组成部分,中国保险业一直保持着较快的增长速度,我国已经成为全球排名第二的保险大国。国家金融监管总局披露的数据显示,我国原保险保费收入从1994年的376亿元增长至2023年的5.12万亿元,增长达136倍;截至2023年底,保险行业资产总额达到29.96万亿元,资金运用余额达到27.67万亿元。得益于高速增长,我国保费收入在全球的占比迅速上升,预计在2030年达到18%。随着中国保险业保险深度和保险密度的不断提高,保险已逐步渗透至人们工作和生活的方方面面,人们的保险意识也在不断提升。

中国保险业在过去的几十年中取得了巨大成就,但在发展过程中也隐藏着不少不可忽视的风险,已然对保险业的健康、持续发展带来了挑战。央行和国家金融监管总局披露的统计数据显示,2023年上半年针对保险机构的罚单总数为509张,罚款总金额约1.08亿元。与2022年同期相比,在罚单数量、罚款金额等方面均有所上升。从处罚缘由上看,违规问题主要集中在财务数据虚假、提供或编制虚假资料、遗失许可证及给予投保人额外利益等方面。这其实还不是问题的全部,根据媒体报道,保险业市场的一些经营乱象,一直被社会所诟病,比如保险营销队伍“门槛低且素质参差不齐”,“小散乱差”现象突出,“无人员、无场所、无业务”的空壳保险兼业代理机构较多,相互之间恶性竞争;保险业绩虚化现象严重,“虚假人力、虚假保单、虚假架构”的“三虚”行为突出;销售未经批准的非保险金融产品;未按规定进行职业登记;存单变保单、高佣金、高保险回扣、保险低费率等乱象也时常发生。[①] 这些违规问题的背后,折射出保险公司依法合规经营意识和合规管理能力仍然有待提高。作为金融业的重要组成部分,保险业合规风险治理工作不容忽视。

金融合规(financial compliance)是近年来金融界和法学界关注的热点话题。在金融科技和金融创新日新月异的今天,金融合规不仅是金融机构自身经营的"生死命脉",也是金融市场稳定和社会经济健康稳定发展的重要保障。从法律角度看,金融合规是一种法律遵从行为。金融机构需要遵循一系列与其业务相关的法律法规以及监管指令,包括但不限于《商业银行法》、《证券法》、《证券投资基金法》、《信托法》、《保险法》、《期货和衍生品法》和《反洗钱法》等金融法律。这些法律法规旨在规范金融市场行为,保护消费者权益,维护金融市场的公平、透明和稳定。从管理角度看,金融合规也是一种风险管理手段。通过合规行为,金融机构可以有效地降低操作风险、声誉风险、信用风险和市场风险等风险,从而提高其经济效益。[②] 合规不仅可以减少因违法违规行为导致的罚款和诉讼费用,还可以提升金融机构的市场声誉,吸引更多的客户。金融合规不仅是法律责任,也是维护金融行业稳定和可持续发展的需要。无论是金融机构还是金融从业人员,都应该将合规放在首要位置,积极履行法律义务,遵守商业道德和伦理。

保险业作为金融行业的"五大支柱"[③]之一,保险合规属金融合规范畴。从法律角度来看,保险合规主要是指保险公司、代理人、经纪人、公估人等在开展相关保险业务的过程中应当遵守相关法律法规,这包括《民

---

① 参见莫开伟:《祛除保险业沉疴需从四方面着手,铲除违规违法展业的"土壤"》,载新京报网 2023 年 7 月 26 日,http//www.bjnews.com.cn/detail/1690366101129755.html。

② 参见《巴塞尔协议》。

③ 金融行业五大支柱包括银行业、证券业、保险业、基金业和信托业。

法典》《保险法》《公司法》《反洗钱法》等法律以及保险监管机构出台的部门规章和其他规范性文件。这些法律法规的主要目的是规范保险市场行为,保护保险消费者权益,维护保险市场稳定。从管理角度来看,保险合规也是一种有效的风险管理机制。通过合规管理,保险公司可以降低与操作风险、声誉风险、市场风险等相关的成本。这不仅有助于保险公司自身的可持续发展,也有助于维护整个保险市场的稳定。与其他金融行业相比,伦理是保险合规中不可忽视的视角,保险公司和保险中介机构应当重视社会和商业伦理,遵循诚信、公平、透明原则,从而赢得消费者的信任和市场的认可。

金融合规的核心内容之一就是金融消费者①保护,保险亦是如此,保险消费者保护是保险监管机构对保险机构实施合规监管的重要角度,它不仅关乎每一个消费者的切身利益,而且也是维护保险市场稳定和公信的关键因素。从合同角度看,保险是一种复杂的金融合约,消费者往往难以完全理解保险合同的条款和细节,加之其中专业术语艰涩难懂、法律条文复杂烦冗,如果提示和说明不到位,容易发生信息不对称,对投保人形成蒙蔽效应,这就为不良从业人员从中营私舞弊和违规操作提供了可乘之机。因此,对保险行业来讲,保护保险消费者免受不公平、不透明或欺诈性行为的侵害是至关重要的。然而现状不容乐观,2023 年 1 月,原中国银保监会消费者权益保护局发布的《关于 2022 年第三季度保险消费投诉情况的通报》显示,原中国银保监会及其派出机构在 2022 年第三季度共接收并转送保险消费投诉 32,726 件。其中,

① 从我国法律实然状态看,消费者应属于自然人的范畴,金融消费者亦为自然人。但从理论界来看,也有学者从实质出发主张“将在金融交易中处于弱势地位的法人或非法人组织也归类为金融消费者”,例如学者杨东 2014 年在《法学家》发表的《论金融消费者概念界定》一文中认为“金融消费者应当定义为从金融机构购买金融投资商品或接受金融服务的自然人、法人或其他组织”。为深入探讨保险消费者保护的合规问题,本书采取更为广义的概念,将处于保险交易弱势地位的法人或非法人组织也列入为保险消费者保护合规问题的探讨对象。

涉及财产保险公司12,203件,占投诉总量的37.29%,理赔纠纷9805件,占财产保险公司投诉总量的80.35%;涉及人身保险公司20,523件,占比62.71%,销售纠纷投诉10,938件,占人身保险公司投诉总量的53.30%。中国保险保障基金有限责任公司面向全国保险消费者开展抽样调查,编制并发布中国保险消费者信心指数,经统计分析,2022年第三季度,保险业的消费信任偏好和保险消费满意度总体下降,保险业信任度得分也呈下降趋势。在消费者满意度有待提升且要求保险业高质量发展的双重背景下,加强保险消费者权益保护已成为保险业转型升级的当务之急,[①]也是保险业合规工作的首要内容。

"业务是生命、合规是寿命。"保险业是经济社会发展的稳定器,也是帮助每个家庭和个体对抗人身和财产风险的风险管理工具。对于保险业来讲,提供风险管理服务的前提是管理好自身风险,保险行业本身需要保持长期稳健发展,才能扮演好这一角色,而坚持合规经营,特别是加强保险消费者保护,即是保障保险行业自身行稳致远的"法宝"。当前,要遏制保险行业违规违法行为的滋生蔓延,净化保险市场土壤,保护保险消费者权益,保险监管机构必须提高监管检查和惩戒力度,对保险业违规违法经营实行"零容忍",但如果只靠保险监管机构开展带有运动色彩的现场监管,是无法根治行业恶疾的,唯有建立行业合规的长效机制,特别是保险消费者保护的长效机制才是解决问题的长久之策,才能推动保险业健康可持续发展,实现保险业经营的"长治久安"。值得肯定的是,在监管重心逐渐转向风险监管的大背景下,我国金融消费者保护工作也迎来了历史性的发展机遇。金融监管部门于2022年年底发布《银行保险机构消费者权益保护管理办法》,细化《消费者权益保护法》的规定,切实保护金融消费者合法权益,赋予消费者八大权益:知情权、自主选择权、公平交易

① 参见许闲:《强化消费者权益保护,推进保险业高质量发展》,载《上海保险》2023年第3期。

权、财产安全权、依法求偿权、受教育权、受尊重权、信息安全权。

《银行保险机构消费者权益保护管理办法》的出台，对保护保险消费者具有“里程碑”性质的意义，但也无疑对保险业合规管理工作提出了巨大挑战。本书主要以保险消费者保护为视角探讨保险合规的理论与实务问题，以期为保险机构及保险从业者提供消费者保护的理论思路与实务对策。

目录

CHAPTER 01

第一章

保险业合规概述

第一节　保险业视角的合规内涵、价值与意义

从文义解释，合规（compliance）就是合乎法律规定的意思。法律规定可以被归纳为四类：第一类为国家法律法规，包括法律、行政法规、行政规章、地方性法规、司法解释等，所有具有法律渊源资格的规范文件都是需要遵守的对象；第二类为商业惯例，包括成文规范，如各行业协会颁布的行为准则、自律规则等，也包括不成文的商业习惯和商业伦理等；第三类为公司内部规章制度，违反自定的规章制度同样可能会成为企业受到合规处理的理由；第四类为国际组织制定的条约，如世界银行等国际组织，也设置了合规管理和制裁体系。[①] 企业合规是围绕着合规风险而展开的，如从风险角度加以理解，所谓企业合规就是企业为有效防范、识别和应对可能发生的合规

---

① 世界银行可以通过附解除条件的制裁，为企业设置若干年限的考验期，要求企业重建合规计划。

风险所建立的一整套公司治理体系。①

一、保险业合规的内涵

保险业合规是指保险经营活动与法律、规则和准则相一致。2017 年《保险公司合规管理办法》明确了合规的相关定义:“合规是指保险公司及其保险从业人员的保险经营管理行为应当符合法律法规、监管规定、公司内部管理制度以及诚实守信的道德准则。”保险是一种风险管理工具,能够有效地保障人们的生命、财产和健康等方面的利益。作为风险管理工具的保险产品或服务具有复杂性、风险性和专业性,对于开发保险产品、提供保险服务的保险机构来说,确保产品和服务合规至关重要。保险业合规是保险公司在其业务运营中遵循国家法律、法规、政策以及行业规范和自身规章制度的过程,合规不仅是一种法律要求,更是一种企业文化和价值观在企业经营过程之中的体现。合规经营是保险公司必须遵守的基本原则,保险机构在开展业务的过程中必须遵守各种法律法规和监管规定。例如,财产保险公司应当依据法律、行政法规和保险监管机构的有关规定制订保险条款和保险费率,并对保险条款和保险费率承担相应的责任。保险条款和保险费率应当符合“结构清晰、文字准确、表述严谨、通俗易懂;要素完整且公平,不侵害投保人、被保险人和受益人的合法权益,不损害社会公众利益”等要求。如果保险机构使用的保险条款或者保险费率被发现违反法律、行政法规或者监管规定,将面临行政处罚。

二、保险业合规的价值

从保险经营角度,发展和合规是不可分割的、相辅相成的两个方面,共同支撑保险业的稳健发展。其中,加强合规管理是保险业务发展的有力保

① 参见陈瑞华:《企业合规的基本问题》,载《中国法律评论》2020 年第 1 期。

障,其对企业和行业的价值贡献可以从如下方面进行解读:第一,促进行业法治化发展。保险业合规有助于保险公司按照法律规定和行业规范开展业务,确保业务合法合规运营,从而推动整个行业的法治化发展。第二,保障保险消费者权益。通过合规销售、理赔等方式保护保险消费者的合法权益,增强消费者对保险公司及其产品和服务的信任,从而促进保险业的持续繁荣。第三,维护保险市场秩序。鼓励保险业合规经营有助于防范不正当竞争和欺诈行为,维护保险市场的公平竞争和有序发展。第四,提升保险机构形象。行业合规运营有助于提升保险从业机构的社会形象,减少声誉风险,增强市场竞争力与可持续发展能力。

三、保险业合规的意义

保险业合规的意义不仅体现在法律法规层面,也体现在对保险机构自身、保险消费者和社会等多个层面。

对保险机构而言,加强合规管理对企业风控、业务发展以及文化建设都是有益的。保险公司的业务涉及大量资金以及相关的风险,如果管理不善或违法违规,将会造成严重的经济损失。合规管理有助于保险机构识别、控制经营风险,降低经济损失,防止违规行为导致的法律诉讼和行政处罚。合规管理与业务发展也并不冲突,从长远来看合规必然促进发展,保险产品特别是人寿产品具有长期性,需要保险机构稳健运营和管理。保险合规经营可以帮助保险机构建立健全的风险管理和内部控制体系,规范业务流程和操作规范,提高企业的经营效率和稳定性,维护市场的公平、公正、有序,防止市场混乱和风险累积。同时,合规管理出色的保险机构更容易得到监管部门的信任,这无疑有利于保险机构获得各类“先行先试”的许可机会,进而有助于保险机构开拓新业务、新市场,为不同需求的消费者提供创新性的产品和服务。合规文化是企业发展的基石,推动合规工作有助于培育公司的法治文化和员工的职业伦理操守,增强员工的社会责任感。

对保险消费者而言,行业合规管理的加强有助于确保消费者有机会购买合规的保险产品,享受合规的理赔服务。保险机构对消费者合法权益的保护,反过来有利于保险机构自身信誉的提升。如果保险机构在业务开展过程中存在大量的违法违规行为,将会对其声誉造成极大的损害。加强合规管理可以帮助保险机构树立公正、透明、诚信的形象,赢得消费者的信任和支持,促进保险消费。

对社会发展而言,经营合规是保险机构履行社会责任的前提。保险公司作为服务型企业,保险产品和服务涉及人的生命、财产和健康等多方面的利益,保险行业从诞生开始就有着重要的社会使命。合规经营可以帮助保险公司规范业务行为,保护客户利益,更好地履行社会责任。

第二节　中国保险业的合规体系与问题

一、中国保险业的合规体系

(一)法规框架

中国保险业的合规体系以《保险法》为核心,辅以各类监管规范和自律规则。新中国成立后,我国保险立法工作在曲折中不断发展。党的十一届三中全会后,保险立法工作取得实质性进展,我国先后颁布了一些单项的保险法规。这些法规有些属于保险合同法的范畴,有些属于保险业监管法的范畴,有些属于保险特别法的范畴。1992 年 11 月 7 日,第七届全国人民代表大会常务委员会第二十八次会议通过了《中华人民共和国海商法》,第一次以特别法的形式对海上保险作了明确规范。1995 年 6 月 30 日,第八届全国人民代表大会常务委员会第十四次会议通过了《保险法》,作为新中国成立以来第一部保险基本法,其采用了国际上一些国家和地区集保险业监管法和保险合同法为一体的立法体例,是一部较为完整、系统的保险法律。根据我国加入世贸组织承诺对保险业的要求,2002 年 10 月 28 日第九届全国人民代表大会常务委员会第三十次会议通过相关决定，对《保险法》作了首次修正，并于2003年1月1日起实施。其后，《保险法》经历了2009年修订、2014年修正、2015年修正和2018年修正。

（二）行政监管

保险业监管是行政监管机构依法依规对保险机构及其经营活动进行直接限制和约束的一系列行政监督管理行为，目的是维护保险市场的安全与稳定，促进保险市场的有序公平竞争，保障投保人、被保险人和受益人的权益。我国保险业监管主体自新中国成立以来，经历了多次调整。这些变迁不仅反映了我国金融业的发展历程，也与国家的经济体制改革、金融改革和法制建设等方面息息相关。

1. 1949～1978年：计划经济时期的保险业

在新中国成立初期，由于我国经济体制特点和社会主义建设需要，我国保险业基本上是由国家垄断的，保险市场也是计划性的市场。1951年，中国人民保险公司（PICC）成立，成为当时我国唯一的保险公司。保险业监管主体主要是国家政府部门，如财政部、计划经济委员会等。这些部门主要负责制定保险业的政策和计划，指导保险公司的经营活动，还谈不上是对保险业的监管。

2. 1978～1998年：以市场准入和市场行为监管为主

1978年，我国开始实施改革开放政策，随着我国经济体制逐渐向市场经济转型，我国保险业也开始逐步向市场化发展。1980年，中国人民保险公司分拆为中国人民财产保险公司和中国人民人寿保险公司。但这一时期，我国并没有建立独立的保险监管机构，保险监管的职责主要由中国人民银行承担，由其负责市场准入和市场行为监管。在此时期诞生了4部重要的保险法律法规：1983年9月国务院颁布《财产保险合同条例》（已失效）；1985年3月国务院颁布《保险企业管理暂行条例》（已失效）；1992年9月中国人民银行发布《上海外资保险机构暂行管理办法》（已失效）；1995年6月全国人大常委会通过《保险法》。在4部保险法规中，《保险法》是基本法，另外3部法规分别规范保险合同、保险机构和外资保险机构,这 4 部法规为当时的保险监管提供了重要法律支撑与保障,也为后来保险监管的深化奠定了基础。

3. 1998 ~ 2006 年:市场行为监管和偿付能力监管并重

1998 年 11 月,为加强对保险业的监管,中国保险监督管理委员会(又称保监会)成立。保监会作为我国首个专门负责保险业监管的国家机关,其主要职责是制定保险业的政策和法规,监督和管理保险公司的经营活动,保护保险消费者的权益。保监会成立之后,开展了大量"建章立制"的工作,保险监管的专业性得到极大提升。1998 年之后保险监管的重点开始强调"偿付能力监管",提出"市场行为监管和偿付能力监管并重",并于 2003 年形成保险偿付能力监管体系。2003 年,保监会发布《保险公司偿付能力额度及监管指标管理规定》(已失效),标志着我国保险监管逐步从以市场行为监管为主的阶段,过渡到市场行为监管和偿付能力监管并重的阶段。①

4. 2006 ~ 2018 年:"三大支柱"监管

2006 年 1 月,保监会发布《关于规范保险公司治理结构的指导意见(试行)》(已失效),明确提出推动保险公司治理结构改革,引导其建立规范高效的公司治理结构体系。至此,由公司治理监管与市场行为监管、偿付能力监管构成的现代保险监管"三大支柱"的现代保险监管框架已初步形成。除了"三大支柱"保险监管框架之外,此阶段保监会还提出了政府监管、企业内控、行业自律和社会监督四位一体的风险防范体系,以及风险防范的五道防线:以公司治理和内控为基础、以偿付能力监管为核心、以现场检查为重要手段、以资金运用监管为关键环节、以保险保障基金为屏障。"三大支柱"、"四位一体"和"五道防线"的建立标志着一个较为完整的现代保险监管框架初步形成。② 值得一提的是,随着信息科技的发展,此时互联网保险开始走上舞台。为适应互联网的发展,监管部门也开始加强对互联网保险的监管,制定了一系列法规政策,确保新业态的健康发展。

---

① 参见郑伟:《改革开放 40 年的保险监管》,载《保险研究》2018 年第 12 期。

② 参见郑伟:《改革开放 40 年的保险监管》,载《保险研究》2018 年第 12 期。

5. 2018 年至今：监管新时期

2018 年，为了进一步加强对金融业的监管，中国银行保险监督管理委员会（又称银保监会）成立，替代了原有保监会和银监会的监管职责。银保监会的主要职责是加强对银行和保险业的监管，促进金融业的健康发展。2023 年 3 月，中共中央、国务院印发了《党和国家机构改革方案》，在中国银行保险监督管理委员会的基础上重新组建国家金融监督管理总局。这意味着运行了 5 年的银保监会正式退出历史舞台。我国金融监管体系从“一行两会”迈入“一行一总局一会”的新格局。国家金融监督管理总局的成立标志着我国保险业监管又进入了一个新的时期。

（三）行业自律

行业自律是保险业“四位一体”风险防范体系中重要的组成部分。中国保险行业协会成立于 2001 年 2 月 23 日，是中国保险业的全国性自律组织，是自愿结成的非营利性社会团体法人，目前保险业协会的业务主管单位是国家金融监督管理总局，登记管理机关是中华人民共和国民政部。根据《保险法》的规定，“保险公司应当加入保险行业协会。保险代理人、保险经纪人、保险公估机构可以加入保险行业协会”。作为全国性的保险行业自律组织，中国保险业协会的基本职责为自律、维权、服务、交流、宣传。其中，通过自律督促依法合规经营是协会的首要职责，具体表现在协会组织会员签订自律公约，制定自律规则，约束不正当竞争行为，维护公平有序的市场环境；经政府有关部门授权，组织制定行业标准，依据有关法律法规和保险业发展情况，组织制定行业标准、技术和服务规范、行规行约；推进信用体系建设，建立健全保险业诚信制度、保险机构及从业人员信用信息体系，探索建立行业信用评价体系；开展会员自律管理，对于违反协会章程、自律公约、自律规则和管理制度，损害投保人和被保险人合法权益，参与不正当竞争等致使行业利益和行业形象受损的会员，可按章程、自律公约和自律规则的有关规定进行处理，涉嫌违法的可提请监管部门或其他执法部门予以处理。[①]

(四)企业内控

内部控制监管是保险监管的内容之一,保险监管机构有权对保险公司的内部控制制度建设和执行情况进行检查和监督。内部控制是保险公司的一种自律行为,是指保险公司各层级的机构和人员,依据各自的职责,采取适当措施,合理防范和有效控制经营管理中的各种风险,防止公司经营偏离发展战略和经营目标的机制和过程。保险公司内部控制的目标包括:保证保险公司的经营管理行为遵守法律法规、监管规定、行业规范、公司内部管理制度和诚信准则;保证保险公司资产安全可靠,防止公司资产被非法使用、处置和侵占;保证保险公司财务报告、偿付能力报告等业务、财务及管理信息的真实、准确、完整;增强保险公司决策执行力,提高管理效率,改善经营效益;保障保险公司实现发展战略,促进稳健经营和可持续发展,保护股东、被保险人及其他利益相关者的合法权益。[②] 近年来,随着互联网渠道、经纪公司渠道等多渠道销售模式的开启,保险业得到了飞速发展,但同时保险公司面临的风险也呈现出多元化、复杂化特征,监管机构对保险行业的监管日趋严格,保险公司经营合规风险越来越大,内部控制作为保险公司内部管理的重要手段,可以有效帮助保险公司防控风险和优化流程,实现持续健康发展。[③]

二、中国保险业的合规问题

随着我国保险监管的不断完善,我国逐步形成了偿付能力、公司治理和市场行为监管"三大支柱"的现代保险监管框架,基本覆盖了保险产品、保险销售、保险理赔与资本管理等保险业的各环节。日趋完善的保险业监管框

---

① 参见"中国保险业协会"官网。

② 参见原中国保监会 2010 年 8 月 10 日颁布的《保险公司内部控制基本准则》。

③ 参见金宏雨:《我国保险公司内部控制现状及改善对策》,载《财富生活》2021 年第 4 期。

架和监管制度,为我国保险业的稳定健康发展提供了法治保障。但外部的合规监管不应该且事实上也不可能替代内部的合规管理。自20世纪90年代以来,国际金融业相继发生了一些重大的财务丑闻和操作风险事件,对金融市场产生了较大影响。究其原因大多是金融企业自身在合规管理方面存在较大漏洞或管控缺失。为了防患于未然,金融企业纷纷组建专职部门以强化合规管理,进而控制经营风险。合规管理作为金融行业普遍遵循的基本准则和独特的风险管理技术,得到了普遍认同。[①]

除了夯实外部监管外,我国保险监管机构也在制度上持续推动保险机构内部合规管理工作。2006年原中国保监会出台了《关于规范保险公司治理结构的指导意见(试行)》(已失效),首次对保险公司进行合规管理、设置相应的合规职能部门等提出了明确要求;2007年原中国保监会发布了《保险公司合规管理指引》(已失效),对合规相关内容进行了定义。2017年原中国保监会印发的《保险公司合规管理办法》进一步明确了合规相关定义。[②] 无论是从外部合规监管还是内部合规管理上看,我国保险业合规工作都取得了巨大成就。然而,随着市场的不断发展和变化,我国保险业合规仍然面临一系列新老问题和挑战,这些都不容忽视。

第一,法规体系仍欠完善。尽管我国保险法规体系已相对完善,但仍存在一些空白和不足,甚至漏洞。例如,互联网保险、大数据分析等领域的法规尚不完善,导致保险公司在实际业务中容易产生合规风险。第二,保险机构合规意识仍不够且能力也不足。虽然大多数保险公司都重视合规工作,但在合规意识和能力方面仍存在不足:一些保险行业从业者未能充分认识到合规经营对保险公司管理的重要性;一些中小保险公司缺乏专业的合规人员和资源,导致合规管理工作无法全面展开;部分保险机构未能有效搭建合规管理组织结构和管理职能,过分强调业绩考核和事业部机制,忽视了合

① 参见周玉华:《保险公司合规管理与风险控制实务指引》(第2版),法律出版社2022年版,第3页。

② 根据《保险公司合规管理办法》,合规是指“保险公司及其保险从业人员的保险经营管理行为应当符合法律法规、监管规定、公司内部管理制度以及诚实守信的道德准则”。

规管理和组织架构的协同,难以形成良好的协同效应。第三,销售误导与不当宣传仍未被根治。一些保险公司和经纪代理机构为了追求利润,采取了不正当的销售手段,如误导消费者、夸大宣传、隐瞒合同条款等,致使消费者的正当权益受到损害。这些不正当的销售手段和误导性宣传不仅违反了监管要求,甚至违背了法律法规,也损害了保险业的公信力和形象。第四,资本充足率仍有保险公司不达标。资本充足率是衡量保险公司偿付能力的一个重要指标。当前由于投资失败、经营不善等原因,部分保险公司的资本充足率不达标,无法满足监管部门的资本监管要求。资本充足率不达标所导致的保险公司偿付风险,可能导致消费者权益受损。第五,新业务模式、新技术产生新合规问题。数字化技术已逐渐渗透各行各业,为传统业务模式带来了革命性变革。随着金融科技的发展,保险业也在探索新的业务模式和技术手段,如互联网保险、大数据分析等。这些新技术和模式带来了新的合规风险,如数据隐私保护、算法歧视等问题。第六,跨境业务合规问题突出。不同国家和地区的法律和监管政策可能存在冲突。对于涉及跨境业务的保险公司来说,跨境业务合规风险防控具有挑战性。第七,保险消费者权益保护问题仍不可忽视。与金融合规工作一样,保险合规也必然涉及消费者权益保护问题。如何确保保险销售的透明度,避免误导消费者以及如何确保理赔过程的合规性,避免拖延、拒赔等问题,仍是保险业要面对的重要问题。

第三节　保险消费者权益保护视角的合规挑战

在国际社会中,国际经济组织——经济合作与发展组织(ODEC)——最早于2011年通过《二十一国集团金融消费者保护高层原则》,第一次正式使用"金融消费者"这一概念。保险消费者属于金融消费者的下位概念。在我国,原银保监会在2013年公布的《保险消费投诉处理管理办法》(已失效)中提到"保险消费者",第43条第2款规定:"本办法所称保险消费者,包括投保人、被保险人和受益人。"结合我国《消费者权益保护法》对消费者的定性，保险消费者应指为保障人身和财产安全购买保险商品，使用保险商品或者接受保险机构提供服务的消费者，即投保人、被保险人和受益人。①

一、保险消费者权益保护

2011 年 4 月，中央编办批复原保监会成立金融监管部门的第一个消费者权益保护机构。同年 10 月，原保监会印发《关于设立保险消费者权益保护局及对部分内设机构职责、处室设置进行调整的通知》，正式成立保险消费者权益保护局。2014 年 11 月，原保监会制定《关于加强保险消费者权益保护工作的意见》，旨在建立和完善保险消费者权益保护工作体制机制。此外，原保监会还印发了《关于人身保险业综合治理销售误导有关工作的通知》、《关于加强机动车辆商业保险条款费率管理的通知》（已失效）、《关于开展财产保险积压未决赔案清理专项工作的通知》、《关于综合治理车险理赔难的工作方案》等文件，切实落实对消费者权益的保护。2018 年原中国银保监会成立后，进一步强化了对消费者权益的保护。2019 年 11 月，原银保监会印发《关于银行保险机构加强消费者权益保护工作体制机制建设的指导意见》，从公司治理、监督机制、消保审查、内部考核、信息披露、专门机构设置等多个角度落实银行和保险机构的消费者权益保护责任。在行为规范方面，原银保监会印发《关于规范互联网保险销售行为可回溯管理的通知》，加强对互联网保险消费者知情权和自主选择权的保护；印发《银行业保险业消费投诉处理管理办法》及相关配套文件，规范消费者投诉处理规则；联合最高人民法院、中国人民银行印发《关于全面推进金融纠纷多元化解机制建设的意见》，完善金融纠纷多元化解机制。②

基于银行业保险业发展经验和需求，原银保监会于 2022 年 12 月印发

① 参见吕青轩：《保险消费者权益保护法律规制探析》，载《合作经济与科技》2023 年第 17 期。

② 参见许闲：《强化消费者权益保护，推进保险业高质量发展》，载《上海保险》2023 年第 3 期。

《银行保险机构消费者权益保护管理办法》(以下简称《管理办法》),通过八章57条内容的规范,明确了保险机构应承担消费者权益保护的主体责任,完善消费者权益保护机制。针对当前我国金融消费者识别风险能力较弱、金融消费纠纷频发的现状,《管理办法》进而提出保障包括保险消费者在内的金融消费者知情权、自主选择权、公平交易权、财产安全权、依法求偿权、受教育权、受尊重权、信息安全权八大权益。第一,为保障保险消费者的知情权、自主选择权、公平交易权,《管理办法》对保险产品的设计、信息披露、营销宣传、销售行为、公平定价等作出规定,明确要求保险机构应当准确评定投资型保险产品风险等级,充分披露产品关键信息,新设收费项目或者提高服务价格应当提前公示,不得强制捆绑搭售,不得对同等交易条件的消费者实行不公平定价等红线。第二,为保障保险消费者的财产安全权、依法求偿权,《管理办法》要求保险机构应当审慎经营,严格区分自身资产与消费者资产;落实客户身份识别和验证,不得为伪造、冒用他人身份的客户开立账户;强化受托管理责任,不得组织、诱导多个消费者采取归集资金方式满足购买投资型保险的条件;保险业务要审慎核保、及时理赔,不得拖延理赔、无理拒赔。第三,为保障保险消费者的受教育权、受尊重权,《管理办法》对保险机构提升保险消费者保险及投资的素养、加强诚信文化建设、尊重消费者人格尊严和风俗习惯、满足老年人和残障人士等特殊人群保险服务需求、规范营销等作出规定,优化服务品质,提升服务质量。第四,为保障保险消费者的信息安全权,《管理办法》对保险机构收集、使用、传输保险消费者个人信息,外部合作、系统和人员管理等方面作出规定,要求在保险消费者授权同意的基础上开展各项个人信息处理活动,开展外部合作应当在合作协议中约定数据保护责任、保密义务等事项,并严格控制合作方的行为和权限。①

① 参见仇兆燕:《针对"滥收费""霸王条款"等设置监管高压线》,载《中国银行保险报》2023年1月3日,第1版。

二、数字化时代背景下的保险消费者保护

随着数字化技术的快速发展和广泛应用,我国保险业也正在经历一场深刻的变革。随着保险科技的创新和发展,保险业有机会也有可能将传统保险经营中因技术原因无法进行保险精算的原本认为不可保的风险转化为可保的风险,也有机会和可能将原本限制承保条件的保险标的放宽至可全面全流程纳入保险业,必然带来更加广阔的保险市场,推动我国保险业的快速发展。[①] 科技创新和发展推动各行各业创新和发展,一定会产生出新的对风险管理需求,同样将促使保险业因应社会的发展产生深刻的变化。从大数据的风险评估、人工智能的客户服务到 AIGC、隐私计算等数字技术,科技正在深刻地改变保险业的运营模式和服务体验。[②]

数字技术不仅为保险公司提供了新的业务机会和运营效率的提升,也为保险消费者保护带来了一系列新的挑战。第一,数据安全与隐私保护方面:随着数字技术在保险行业的广泛应用,保险公司的产品风险评估、定价以及推广、服务越来越依赖大数据分析。然而,大数据分析的应用涉及了大量个人和敏感信息的收集、存储和处理。保险公司在保障数据安全,防止数据泄露、滥用或被非法出售,保护消费者隐私权等方面面临严峻的合规管理挑战。第二,互联网保险销售的合规风险方面:互联网保险销售作为互联网背景下新的保险展业模式,在为消费者提供了便捷服务的同时,也带来了新的合规问题。例如,保险产品在通过互联网渠道销售的过程中难保透明、公正,容易误导消费者,在线理赔过程的合规性也较难管控。这些都是当前保险业在互联网背景下亟待解决的合规管理问题。第三,人工智能合规风险方面:当前,保险业开始在客服、理赔审查等方面大量应用人工智能技术,科技应用有力地推动了保险业的发展。然而,也带来了一些风险,比如人工智

① 参见苏洁:《"大保险科技"时代悄然而至》,载《中国银行保险报》2023 年 9 月 12 日,第 8 版。

② 参见《2023 保险科技洞察报告》,报告由北京鑫科发展研究院、火山引擎等在 2023 年中国国际服务贸易交易会上联合发布。

能决策过程可能缺乏透明度和可解释性,消费者往往难以理解或接受人工智能服务的过程或结果。另外,人工智能决策也可能存在偏见和歧视,比如保险产品风险评估和定价如较大依赖于性别、年龄、种族、职业等因素,极易导致不公和歧视。这些都是人工智能在保险业应用中需要解决的道德和合规问题。

数字化背景下,我国保险业的合规工作面临前所未有的挑战:从数据安全到互联网保险,再到人工智能的道德问题等。这些新问题和挑战要求保险机构、监管部门、学术界和技术界共同努力,不仅要更新和完善现有的法规与监管体系,还要培养新的合规管理人才和技术,探索新的合规模式和方法,以确保保险业在数字化背景下健康有序发展。

CHAPTER 02

第二章

人身保险合规

按照保险标的的不同，我国《保险法》将保险业务分为人身保险业务和财产保险业务两大类，区别于财产保险业务，人身保险是一种为个人提供经济保障的保险形式。人身保险以人的身体或生命为保险标的，被保险人发生死亡、伤残、疾病或者达到保险合同约定的年龄或期限等保险事件时，保险公司根据保险合同的约定赔偿或支付保险金。购买人身保险时通常需要缴纳一定的保险费，保险费的大小受到被保险人的年龄、职业、健康状况以及保险金额、保险种类等因素的影响，投保人可以选择不同的保险种类服务，以满足个人的保险需求。人身保险的意义在于提供了一种经济保护，确保被保险人和其家庭在发生不幸事件时能够得到资金支持。人身保险可以帮助家庭在主要收入人员去世或遭受重大疾病时维持生活水平，保障子女教育的继续和债务的偿还。此外，人身保险还可以提供医疗费用补偿，减轻医疗支出的负担。

人身保险业务属于传统保险业务，最早可以追溯到古代一些国家的原始互助组织。近代海上保险发展起来后，在作为商品的奴隶贩运过程中萌生了早期的人身保险制度。15 世纪盛行的意大利的公典制度和十六七世纪英国、荷兰等地实行的年金制度成为近代人身保险制度的起源,其核心要义在于利用集体互助解决个人无法抵御的各种困难和灾难、损失,通过大数法则将个人不确定的风险转化为群体可预测的风险。英国于1854年开办民营简易寿险后,人身保险在世界范围内发展迅速。我国古代虽然也有类似于人身保险萌芽的互助组织,但客观地说近现代人身保险制度源于国外。1846年英商永福(Standard)和大东方(Oriental)人寿保险公司在上海设立分公司,[①]开启了我国人身保险业务的发展之路。中华人民共和国成立后,民营保险机构和外资保险机构先后被国有保险公司取代,1959年停办了国内保险业务,1980年得以恢复。1992年以美国友邦保险公司在上海设立分公司为标志,我国人身保险业务重新向外资开放。人身保险业务的市场发展情况主要取决于不同国家和地区的经济发展水平、人口数量和保险意识。人身保险业务涉及人的生命和健康,风险更大且更加复杂。与财产保险业务相比,人身保险业务涵盖了医疗、人身意外、寿险等多个方面,涉及的风险更加广泛,而且对保险机构和投保人、被保险人有更高的要求。

随着人身保险产品的不断发展以及大众保险意识的形成,我国人身保险市场也在逐步发展。2021年,全国共有保险法人机构235家,其中:保险集团和控股公司13家,财产险公司88家,人身险公司91家,保险资产管理公司33家,再保险公司7家,农村保险互助社3家。从保险公司的资本国别属性看,中资保险公司173家,外资保险公司62家。2021年,保险业保险保费收入44,900亿元,产险业务原保险保费收入11,671亿元,寿险业务原保险保费收入23,572亿元,健康险业务原保险保费收入8447亿元,意外险业务原保险保费收入1210亿元。2021年保险业赔款和给付支出15,609亿元,其中:产险业务赔偿7688亿元,寿险业务给付3540亿元,健康险业务赔款及给付4029亿元,意外险业务赔款352亿元。[②]

① 参见吴越:《永福和大东方人寿是1846年开始在上海设立分公司的吗?》,载《上海保险》1996年第3期。

② 参见中国保险行业协会:《2021中国保险业社会责任报告》,载中国保险行业协会官网,http://www.iachina.cn/art/2022/11/17/art_44_106489.html。

人身保险在保险市场具有举足轻重的地位。从保险种类来看,人身保险具有高度人身属性和复杂性,人身保险业务涉及人的生命和健康,直接关系到广大人民群众的切身利益,因此对人身类保险的监管也更加注重展业过程的合规性。社会对人身保险业务的关注度更高,社会舆论对人身保险业务的监管要求也更加严格。为了回应社会的期望,监管机构在人身保险业务方面会更加注重保护消费者权益,确保保险机构合规经营。人身保险可以按类分出寿险、意外险、健康险和残疾险。寿险是最常见的人身保险形式,顾名思义,主要针对被保险人的生命进行保险,如果被保险人在保单有效期内去世,其指定的受益人或继承人将获得约定的保险赔偿金。意外险主要保障被保险人在意外事故导致伤残或死亡时的经济需求,意外险通常与意外伤害医疗保险相结合,以提供全面保障。健康险主要保障的是投保人指定的被保险人,旨在为被保险人提供经济支持,以支付医疗费用和治疗费用,该保险通常包括住院医疗保险、手术医疗保险和门诊医疗保险等。残疾险主要保障被保险人在因意外事故或疾病导致永久或临时残疾时的经济需求,该保险通常提供一次性保险赔偿金或按照残疾程度的比例支付保险赔偿金。总体而言,人身保险在性质上更多具有的是保障性,其目的是为被保险人个人和其家庭提供经济保障,确保他们能够应对突发风险和不幸事件带来的经济困难。

第一节　人身保险合规概述

作为一个受到强监管的业务类型,人身保险业务经营的合法性和合规性是相关监管部门一直以来高度关注的重点,监管部门也在不断更新完善相关法律法规和监管条例,以保障保险消费者的合法利益并维护保险消费市场的稳定性。对于人身保险机构和保险从业者而言,对人身保险合规风险点的把控更有利于合规展业,能够从根源上整改从而减少违规销售、违规承保等行为。过去人身保险业务存在一些乱象,如虚假宣传、高压销售等不当行为，这些问题引起了监管机构的重视，迫使其加强对人身保险业务的监管，以防止类似问题再次发生。因此，在这方面监管机构会更加注重监管力度，加强对人身保险业务的监管控制，维护市场秩序。

在人身保险业务方面，监管机构针对不同的保险产品类型发布并持续更新了管理办法，旨在完善对各类人身保险产品的监管，重点关注保险销售、承保、核保、再保险等程序中的合规问题。原保监会于2009年9月25日发布了《人身保险新型产品信息披露管理办法》（中国保监会令2009年第3号，已失效），针对投资连结险、万能保险、分红保险等人身保险新型产品的信息披露提出了合规要求，此后原保监会分别于2009年9月27日和2009年11月12日发布了《关于执行〈人身保险新型产品信息披露管理办法〉有关事项的通知》（保监发〔2009〕104号，已失效）、《关于〈人身保险新型产品信息披露管理办法〉有关条文解释的通知》（保监寿险〔2009〕1161号，已失效）进行了补充和解释。2017年，原保监会发布《关于规范人身保险公司产品开发设计行为的通知》，从本源开始规范保险公司设计开发保险产品，同时也鼓励保险公司在设计保险产品时注重差异化区分，以满足不同群体对人身保险产品的需求。2019年原银保监会发布的《健康保险管理办法》对健康类保险诸如医疗、疾病等保险产品的管理提出了新要求，并强调保险机构应在销售阶段加强管理，停止销售与相关法规不符的健康保险产品，切实保障消费者权益。2021年《意外伤害保险业务监管办法》则主要关注意外保险合规问题，意外险用于防范意外伤害造成的严重后果，保险机构必须在监管机构的监督下进行展业，包括但不限于将相关保险产品报送审核或批准、将业务经营情况及时上报，并及时回溯保险产品的定位和实践效益。

除了针对不同类型的保险产品制定监管规定外，原银保监会也通过专项的监管规定，对保险公司展业流程中的重点环节细化了合规管理要点。2012年发布的《人身保险销售误导行为认定指引》则对保险销售过程中的误导行为进行了细化规定，2023年开始实施的《银行保险机构消费者权益保护管理办法》详细规定了保险机构应依法承担保护消费者各项权益的义务，消费者享有包括但不限于知情权、自主选择权、安全权、依法求偿权、信息安全权等权利，因此保险行业需建立消费者权益保护机制，健全保险机构合规管理部门和对涉及消费者权益事项的监管和审查制度，确保消费者权益在保险业务展业全流程中得到保障。2022 年发布《人身保险产品信息披露管理办法》，强调保险公司作为披露主体应该积极履行相应义务，履行披露义务应当做到真实、准确、完整、及时的要求，不得对消费者和社会公众有隐瞒和欺骗等情节，保障投保人、被保险人、受益人及社会公众对保险产品有透明化的了解和监管。

2018 年 5 月，原银保监会首次发布《人身保险产品开发设计负面清单》，包括“产品条款设计、产品责任设计、产品费率厘定、产品精算假设、产品申报使用管理”5 个部分，共 52 条。2021 年 1 月，发布《人身保险产品“负面清单”(2021 版)》，调整为“产品条款表述、产品责任设计、产品费率厘定及精算假定、产品报送管理”4 个部分，共 73 条。2022 年 1 月，发布《人身保险产品负面清单(2022)版》，共 82 条。2023 年 1 月发布《人身保险产品“负面清单”(2023 版)》，共 90 条，新增条目涉及增额寿、养老年金及医疗险内容。

第二节 人身保险机构主体合规

一、机构合规

(一)非经批准不得经营保险业务

我国法律规定，只有经保险监管机构依法批准设立的保险公司或其他保险组织才有资格经营保险业务，其他单位或个人不得经营保险业务①，保险业务具有非常高的专业性，保险机构开展保险业务需要在强监管环境下

① 参见《保险法》第 5 条、第 15 条、第 54 条。

施行,包括但不限于调整业务和运营模式。且我国实行人身保险业务和财产保险业务分业经营制度,除经保险监管机构依法批准的可以经营短期健康保险业务或意外伤害业务的经营财产保险业务的保险公司外,考虑到人身保险业务的人身属性,经营财产保险业务的保险机构不得兼营人身保险业务,开展人身保险业务需要更高标准。落实到具体业务,国务院保险监管机构也设立了具体特定业务的经营资质①,保险机构只能在核定的业务经营范围内经营特定的保险业务。国家金融监督管理总局在原银保监会发布的《人身保险销售行为管理办法》(征求意见稿)的基础上于2023年9月发布的《保险销售行为管理办法》则进一步明确,除保险机构和保险中介机构所属的保险销售人员外,其他单位和个人不得从事保险销售行为②。如未经批准经营保险业务或超出核定的业务经营范围经营保险业务③,保险监管机构及其派出机构可以予以取缔和处罚,情节严重的可以追究刑事责任④。

(二)未经批准不得跨区域经营保险业务

根据保险监管的规定,保险公司在其住所地以外的各省、自治区、直辖市开展业务,应当首先设立分公司,且除参与共保、经营大型商业保险或者统括保单业务,以及通过互联网、电话营销等方式跨省、自治区、直辖市承保业务外,保险公司的分支机构不得跨省、自治区、直辖市经营保险业务。⑤《保险销售行为管理办法》则进一步明确,保险公司和保险中介机构不得超出批准的业务范围和区域从事保险销售行为。⑥ 这一规定的目的是保护保

---

① 参见《健康保险管理办法》第8条规定:"依法成立的健康保险公司、人寿保险公司、养老保险公司,经银保监会批准,可以经营健康保险业务。前款规定以外的保险公司,经银保监会批准,可以经营短期健康保险业务。"第9条规定:"除健康保险公司外,保险公司经营健康保险业务应当依法成立专门的健康保险事业部……"

② 参见原银保监会2022年4月15日发布的《人身保险销售行为管理办法》第10条。

③ 参见《保险法》第158条、第160条。

④ 参见《刑法》第225条:"非经国家有关主管部门批准非法经营证券、期货、保险业务,扰乱市场秩序,情节严重的,构成非法经营罪。"

⑤ 参见《保险公司管理规定》第15条、第41条、第42条。

⑥ 参见《人身保险销售行为管理办法(征求意见稿)》第11条。

险市场的稳定和健康发展,防止保险机构在没有充分准备和监管的情况下,擅自拓展经营范围,从而导致风险的累积和扩大。保险机构想要扩展经营区域范围,需要依据相关规定进行变更登记,在取得总公司授权后到扩大区域当地监管机构提交申请,包括经营计划、风险评估、业务准备等,并经过审批后获得相应的许可证才能进入其他地区经营保险业务。违反规定的,保险机构或分支机构可能会面临限制跨区经营、限制业务范围、罚款甚至责令停止违法经营行为等处罚措施。

二、业务范围

我国将保险业务分为人身保险业务和财产保险业务,人身保险业务是指以人的身体或生命为保险标的的保险业务,包括人身意外保险业务、健康险业务[①]、人寿保险业务以及经国务院保险监管机构批准的其他人身保险业务,人身意外保险业务和健康险业务以人的身体为保险标的,人寿保险业务以人的生命为保险标的。

(一)意外保险业务

人身意外保险是以意外伤害而致身故、残疾或者保险合同约定的其他事件为给付保险金条件的人身保险。[②] 意外死亡给付和意外伤残给付是意外险的基本保险保障,其派生保险保障包括丧葬费给付、医疗费给付、误工费给付和遗属生活费给付等。相比于人寿保险,人身意外险在保险期限的约定中以短期保险为主,大部分人身意外保险的保险期限在 1 年及 1 年以下。部分保险公司有保险期限 1 年以上的人身意外险产品。大多数 1 年期

① 人身意外保险和健康险业务都是以人的身体为保险标的以死亡、残疾和费用支出、收入损失等为保险事件的保险业务,不同于境外其他国家将人身意外保险业务包含在健康险业务中,在我国保险业监管体系下,将人身意外保险业务与健康险业务分开,健康险中不包括人身意外伤害保险业务。

② 参见《意外伤害保险业务监管办法》第 2 条。

以上的意外保险属于储蓄性的人身意外保险产品,[①]兼具储蓄功能,投保人向保险公司交纳的保险费相当于交纳了一笔储蓄金,储蓄金的利息充当意外保险的保费,[②]除了给被保险人提供意外保险基本保险保障外,保险期限届满时,无论是否发生过保险金的给付,投保人交纳的保险费本金均会返还给投保人或被保险人。但不同于投资型人身保险中被保险人可以分享保险投资收益的特征,具有储蓄功能的人身意外险产品仅是将投保人交纳的保险费的投资收益作为人身意外险的保险费,投保人或被保险人不能分享保险机构的投资收益,故人身意外保险业务仍属于标准的保障型人身保险业务。

(二)健康保险业务

健康保险业务是指由保险公司对被保险人因健康或者医疗行为的发生给付保险金的保险,主要包括医疗保险、疾病保险、失能收入损失保险、护理保险以及医疗意外保险。[③] 健康保险是国家多层次医疗保障体系的重要组成部分,保险监管机构要求保险公司从事健康险业务坚持健康保险的保障属性。按照保险期限分类,健康保险可以分为长期健康保险和短期健康保险,其中:重大疾病保险、失能收入损失保险、长期护理保险一般以长期保险为主,医疗保险一般以短期保险为主。按照保险金给付性质分类,可以分为费用补偿型保险和定额给付型保险。根据保险业监管的要求,健康保险须坚持保险保障功能,原则上健康保险亦属于保障型人身保险,长期健康保险同时具有储蓄功能,但同人身意外保险一样不享有保险人的投资收益,不属于投资型的保险。

---

① 参见李艳荣主编:《人身保险》(第2版),浙江大学出版社2022年版,第96页。

② 根据《意外伤害保险业务监管办法》的规定,保险公司在厘定保险期限为1年以上的意外保险费时,应根据公司历史投资回报率、对未来的合理预期及产品特性按照审慎原则预定利率。

③ 参见原银保监会2019年10月31日发布的《健康保险管理办法》。

（三）人寿保险业务

不同于人身意外保险业务和健康保险业务以人的身体为保险标的的基本特征，人寿保险业务以人的生命为保险标的，以死亡或生存为保险事件，保险期限内发生被保险人死亡或生存等保险事件时，保险公司按照合同约定向被保险人或受益人给付一定保险金额的人身保险保险金，其中，定期寿险、终身寿险以被保险人死亡为保险人给付保险金的条件，养老保险、少儿保险和企业年金保险等年金保险则以被保险人生存为保险人给付保险金的条件。两全保险则结合这两者的长处，除了以被保险人死亡为保险人给付保险金条件外，亦承保被保险人生存为保险人给付保险金条件的保险责任。20 世纪 70 年代后，保险公司开展销售带有投资理财功能的人身保险产品，我国保险监管机构则于 2009 年发布《人身保险新型产品信息披露管理办法》（已失效）将投资型的人身保险产品规定为人身保险新型产品，将其他不带有投资理财功能的人身意外保险、健康保险以及人寿保险中的定期寿险、终身寿险、两全保险、养老保险、少儿保险、企业年金保险等传统上以提供保险保障为基本目标的保险规定为普通保险，与人身保险新型产品分别采取不同的监管措施。在司法上，鉴于具有投资理财功能的人身保险新型产品具有投资理财类金融产品的特征，按照功能监管的要求，需要同时按传统保险产品和投资理财类金融产品的监管要求进行监管。

人身保险业务范围和种类见表 2－1。

表 2－1　人身保险业务范围和种类

<table>
<tr><th colspan="2">保险险种</th><th>保险标的</th><th>保险性质</th></tr>
<tr><td colspan="2">人身意外保险</td><td rowspan="5">人的身体</td><td>保障型（长期险具有储蓄功能）</td></tr>
<tr><td rowspan="4">健康保险</td><td>医疗保险</td><td>保障型</td></tr>
<tr><td>重大疾病保险</td><td>保障型</td></tr>
<tr><td>收入保障保险</td><td>保障型</td></tr>
<tr><td>长期护理保险</td><td>保障型</td></tr>
</table>

续表

保险险种			保险标的	保险性质
人寿保险	传统寿险	定期寿险	人的生命	保障型
		终身寿险		保障型(具有储蓄功能)
		两全保险		保障型(具有储蓄功能)
	年金保险	养老保险		保障型(具有储蓄功能)
		少儿保险		保障型(具有储蓄功能)
		企业年金		保障型(具有福利功能)
	新型产品	分红保险	人的生命投资理财	投资型
		万能保险		投资型
		投资连结保险		投资型

第三节 保障型人身险业务合规

保障型人身保险,顾名思义以保障人身安全损失得到保险补偿或赔偿为首要目的,这类保险由于具有保障性且费用不高等特点,成为人身类保险公司经营范围内的主要保险产品,也是传统上的标准人身保险产品。保障型人身保险通常覆盖多种风险,如身故、意外伤残、重大疾病等,能够为被保险人在不同的意外和疾病情况下提供全面的经济保障。保障型人身保险的保额和保费可以根据个人的需求和能力进行调整,既可以根据需要选择较高的保额以确保足够的保障,也可以选择较低的保额以降低保费。一些保障型人身保险产品还提供保险金豁免附加险,即在被保险人患某些特定疾病或遭受特定事故后,保险公司将继续承担保费,确保保险合同继续有效。保障型人身保险提供全面的保障,具有灵活性和终身保障等优点,能够为被保险人和其家人提供重要的经济保障,尤其是在意外和疾病风险面前。

保障型人身保险业务合规主要包括产品设计合规、保险销售合规、保险承保合规、保险理赔合规、信息管理和披露等方面。

一、产品设计合规

1. 保险条款

保障型人身保险产品的条款设计需要严格遵循国家相关法律法规和行业规范，除了需要完整规范保险产品的用途和条件外，保险产品合同还需要明确双方的权利义务。[①] 保险合同的条款设计需要经过保险机构合规部门的严格审查才能予以发布并实施销售，保险条款合规是实施保险业务合规的第一步，也是极为关键的一步，保险机构在保险产品设计环节需要对产品费率、免责条款等条款进行严格审核，并且还需要将保险条款和费率报送监管机构审批或备案，提前规避因条款设计导致保险合同或内部分条款无效等风险。保险条款的制定不仅需要符合公平原则，还应提前应对保险条款的不利解释，由于保险合同条款属于格式条款，若发生纠纷，审判机关和仲裁机构在解释条款时会选择更有利于消费者的解释。[②]

人身保险中对保费的约定需要严格遵循法律法规的相关规定，条款及费率需由保险精算师评估计算后出具精算报告，虽然保险公司对保费设置区间拥有一定的自主性，但不得超过法定标准：《意外伤害保险业务监管办法》中对意外险的平均附加费用率设置了上限，同时设置了保单最低现金价值的计算方式；健康保险分类中对长期医疗保险产品和短期健康保险产品的费率、赔付率及条款的制定存在不同的监管要求，短期团体健康保险产品可以调整产品参数但不得未经重新报送审批或备案就改变

① 《保险销售行为管理办法》第 13 条规定："保险公司应当依法依规制订保险合同条款，不得违反法律法规和监管制度规定，确保保险合同双方权利义务公平合理；按照要素完整、结构清晰、文字准确、表述严谨、通俗易懂等原则制订保险合同条款，推进合同文本标准化。保险合同及相关文件中使用的专业名词术语，其含义应当符合国家标准、行业标准或者通用标准。"

② 《保险法》第 30 条规定："采用保险人提供的格式条款订立的保险合同，保险人与投保人、被保险人或者受益人对合同条款有争议的，应当按照通常理解予以解释。对合同条款有两种以上解释的，人民法院或者仲裁机构应当作出有利于被保险人和受益人的解释。"

费率计算方法,长期医疗保险产品中可以直接约定符合监管规定的调整费率的方案。①

2. 产品分级

对保险产品实施分级管理是原银保监会在《人身保险销售行为管理办法(征求意见稿)》提出的重大改革,《保险销售行为管理办法》对此作出明确规定,人身保险产品的分级改革可以推动市场的规范和健康发展,帮助消费者更好地了解和选择合适的保险产品,也在一定程度上促进了保险机构的创新和产品改进。保险产品分级与销售分级密切相关,有利于我国形成更加专业化的分级市场,也有利于保险产品标准化发展。

3. 权益保护

《消费者权益保护法》规定的消费者保护原则也是保险消费过程中保险机构应遵循的保险消费者保护的基本原则,保险机构应当根据该法律规定保障消费者权利和承担保险消费者保护权益的责任,禁止保险机构发布虚假或误导性的信息。消费者权益保护不仅仅需要在保险产品制定过程中予以保护,在保险经营全流程中也都须对相关合规项目展开专项治理和监管。《银行保险机构消费者权益保护管理办法》中规定,保险机构董事会应当通过设立专项委员会以健全消费者权益保护的监管体系,董事会中设立的消费者权益保护委员会须对保护工作进行牵头领导并对保险产品的条款制作密切监管。首先,保险机构在制定保险产品时应保障消费者的知情权、自主选择权和公平交易权等权益,保险产品应该以消费者能够接受和理解的方式制作和披露相关条款,确保消费者知晓相关条款和双方权利义务,并充分保障保险消费者在保险产品中所得到的风险收益相匹配,保险产品的定价和费率计量方式合理合规。其次,应当保障的是消费者的财产安全权和依法求偿权等权益,保险机构在设计产品和进行宣传过程中必须维护消费者的财产安全,避免保险机构及其工作人员导致消费者财产受损以及不能依法求偿等风险,如:区分自身资产和保险消费者资产,不得

① 参见《健康保险管理办法(2019)》第16条、第18条、第19条、第20条。

挪用或占用保险消费者资金，不得引导保险消费者为购买保险产品归集资金等违规行为，不得拖延理赔、无理拒赔[①]。再次，保险消费者的受教育权和受尊重权等权益也应得到保护，保险机构可以积极开展宣传教育活动，增加保险消费者了解保险产品及其他金融产品的渠道，同时尊重保险消费者的不同习俗，不得实行差异化引导和对待。同时，保险消费者的信息网络安全也需要引起重视，保险机构应当切实维护消费者的个人信息安全，妥善保管为了开展业务收集到的消费者个人信息，除此用途外不得对外泄露或者售卖相关信息，也不得违法处置保险消费者以及相关人员的个人信息。

二、保险销售合规[②]

1. 人员分级

销售人员的组成是保险销售环节的基石，因此保险公司和保险中介机构更加需要对相关销售人员的销售能力和资质建立管理制度，加强对保险销售人员的培训教育、风险意识教育、合规监管。[③] 一些国家和地区将人身保险产品按照销售方式进行分级，如分为专业销售渠道和非专业销售渠道：专业销售渠道包括专业保险代理人和经纪人，他们具有更高的资质和专业知识，能够提供更全面的建议和服务；非专业销售渠道则包括银行、保险公

---

① 《银行保险机构消费者权益保护管理办法》第 29 条："银行保险机构应当审慎经营，保障消费者财产安全权，采取有效的内控措施和监控手段，严格区分自身资产与消费者资产，不得挪用、占用消费者资金。"第 31 条："银行保险机构应当严格区分公募和私募资产管理产品，严格审核投资者资质，不得组织、诱导多个消费者采取归集资金的方式满足购买私募资产管理产品的条件。"第 33 条："保险公司收到被保险人或者受益人的赔偿或者给付保险金的请求后，应当依照法律法规和合同约定及时作出处理，不得拖延理赔、无理拒赔。"

② 互联网保险有专章，此处不涉及互联网保险销售合规。

③ 《人身保险销售行为管理办法（征求意见稿）》第 12 条："保险公司、保险中介机构应当承担本机构保险销售人员管理的主体责任，明确保险销售人员授权范围，对授权事项进行管理和监督，并持续加强保险销售人员合规管理、教育引导和风险提示，防范报销销售人员违法违规行为及违法犯罪活动。"

司的柜台销售等,销售的产品可能更为简单和标准化。根据我国监管文件的规定,保险公司应建立人员分级管理机制,设置销售能力资质标准和诚信评价体系,并且保险从业机构应联合建立诚信信息沟通机制以加强对保险销售人员的诚信销售行为的监管,保险行业协会也应建立更为综合性的评价体系从而进一步完善行业自我约束机制,使得保险销售人员的销售行为更加透明化。保险销售人员在追求业绩提升的同时,还需要进一步提高保险合规自觉性的意识,保险机构也应对销售人员进行针对性的培训,及时普及相关监管政策和规定,同时完善公司制度对保险销售人员的监管和追责机制。

2. 宣传推广

保险产品的宣传不仅受到《保险法》和《广告法》等基础性法律法规的约束,保险监管机构对人身保险的宣传也发布了多项监管要求。《保险销售行为管理办法》中规定,保险机构在制作宣传资料时就应注意保证所有宣传材料的真实性和客观性,并且相关宣传材料应由总公司或者有授权的机构制作,分公司未经授权不得单独制作宣传资料,经授权的中介机构制作的宣传材料还需要保险公司对其进行审核并保存,保险公司总公司需要溯源式把握宣传资料产出的合规性。除了宣传资料的制作,宣传行为也需要处于监管之下,宣传人身保险应当遵循相关法律法规和监管规则。原银保监会在发布的《人身保险销售行为管理办法》(征求意见稿)中还首次提出,聘请公众人物代言保险产品或保险公司的,不得聘请违法失德人员,这与国家对失德劣迹艺人的管理要求保持一致步调,同时也是为了维护保险行业的公信力,代表了保险监管机构对保险行业宣传行为管理的一个趋向。保险宣传可以召开产品说明会,但应详细介绍产品,组织客户活动以增进潜在消费者对新型保险产品的了解为目的,确保保险消费者在知晓并正确理解保险条款后签署保险合同购买保险产品或服务。

3. 信息披露

信息披露义务不仅要求保险机构在将保险产品送审或备案时向保险监管机构等相关部门披露保险产品的信息,而且保险机构相关销售人员在展业时也需要向消费者全面披露保险产品的信息。保险机构应当积极提供信息查询渠道,可以进行披露的平台包括但不限于官网和公众号等自营网络平台、发布保险产品的产品说明会、第三方机构或媒体行业、行业协会等公共信息分享平台,披露的产品信息包括但不限于保险产品的目录、条款、费率(表)、一年期以上人身保险的说明书及现金价值全表等应当披露的其他信息。[①] 披露义务合规管理除了在保险产品宣传和销售环节具有重要意义,在理赔及售后服务环节也需要严格履行披露义务,若停止销售保险产品也要及时披露停止销售的保险产品的时间、原因等相关信息,确保保险业务全流程的透明化。

4. 销售行为

原银保监会办公厅发布《关于深入开展人身保险市场乱象治理专项工作的通知》,多次组织对人身保险销售行为、从业人员管理、保险数据、保险机构内部监管等方面开展专项治理。人身保险销售行为应当遵循适当性原则,依据投保人的需求和风险承受能力,为其推荐与之相匹配的保险产品,合规管理机制成熟的保险机构还应根据投保人、被保险人、受益人的具体情况制作评估报告以供消费者参考。

《人身保险销售误导行为认定指引》采用“定义 + 列举”的方式细化了《保险法》第 131 条[②]中对保险代理人、保险经纪人及办理保险销售业务的人员在销售人身保险产品过程中的误导行为,主要集中在欺骗、隐瞒、诱导、虚假宣传或说明等行为,[③]通过细化销售误导行为的情形,不仅可以作为人身保险销售人员的工作守则,也是认定销售人员承担责任的重要依据。同时,人身保险销售误导行为也需要在行业内部落实追责体制,对违规行为展开

---

① 参见《人身保险产品信息披露管理办法》第 8 条、第 11 条。

② 《保险法》第 131 条:“保险代理人、保险经纪人及其从业人员在办理保险业务活动中不得有下列行为:(一)欺骗保险人、投保人、被保险人或者受益人;(二)隐瞒与保险合同有关的重要情况;(三)阻碍投保人履行本法规定的如实告知义务,或者诱导其不履行本法规定的如实告知义务;(四)给予或者承诺给予投保人、被保险人或者受益人保险合同规定以外的利益;(五)利用行政权力、职务或者职业便利以及其他不正当手段强迫、引诱或者限制投保人订立保险合同……”

③ 参见《人身保险销售误导行为认定指引》第 6 条、第 7 条、第 9 条。

情况收集和调查，落实对违规人员的追责问责，进而达到长效治理的效果。

《人身保险销售行为管理办法（征求意见稿）》和《保险销售行为管理办法》对自保件、互保件等销售现象展开治理：根据规定，保险公司、保险中介机构禁止将自保件、互保件纳入业绩考核、人事任命或其他评价管理体系。自保件是指销售人员将保险的受益人、投保人或被保险人设置为自己，互保件则是同一机构内的保险销售人员互相将对方设置为所销售保险的受益人、投保人或被保险人，这两种方式都曾是保险销售业务中的重要业绩来源。但这种模式极大地破坏了保险行业以提供必要保障使得个人和家庭提供风险转移的作用，也很容易造成保险销售人员牟取不正当利益、扰乱保险行业市场秩序等系列问题。

组合销售保险是销售人员为了提高销售效率和实现保险产品满足多样化需求的途径之一，但是实践中由于销售行为不当发生了许多损害消费者权益的违规案例。在保险产品组合销售模式的合规管理中，保险监管机构要求销售人员明确告知此类产品为组合形式，并对组合保险中的每个保险产品进行详细说明，并充分尊重消费者意愿，允许消费者在充分理解各个保险产品的前提下自由选择组合产品或组合内的任一产品，[①]在销售组合式健康保险产品的过程中销售人员需要详细介绍各产品的保险期间。[②] 保险机构及销售人员在推销保险产品时也会将健康、养老类的其他服务与保险产品进行组合销售，比如常见的体检服务项目，这种模式也需要销售人员将保险产品和其他服务进行区分，两类产品的提供服务主体相互独立且不具有必然联系，因此销售人员不得对其进行捆绑销售，监管机构也明确规定要充

---

① 《中国保监会关于规范人身保险公司产品开发设计行为的通知》第 3 条第 7 项规定："保险公司对产品进行组合销售的，应在产品销售和产品宣传材料中明确告知消费者为'保险产品组合'或'保险产品计划'。"

② 《健康保险管理办法（2019）》第 39 条第 7 项规定："保险公司销售健康保险产品，应当以书面或者口头等形式向投保人说明保险合同的内容，对下列事项作出明确告知，并由投保人确认……（七）组合式健康保险产品中各产品的保险期间……"

分保障消费者的自由选择权。[①] 除了将不同项目组合销售外,保险销售人员为了提高销售业绩还会选择附赠一定保险,为了防范虚增服务费、违规套现等违法行为,原保监会在《关于规范人身保险公司赠送保险有关行为的通知》(保监发〔2015〕12 号)中对人身保险公司进行了专项规范:规定赠送的产品限于意外伤害保险和健康保险两类产品,且保险期间限于 1 年内,纯风险保费不超过 100 元;[②]原银保监会在《人身保险销售行为管理办法(征求意见稿)》第 31 条中也详细列举了赠送人身保险应当遵守的要求,可以代表保险监管机构对以保险赠送方式进行保险销售的监管思路。

长期人身保险销售除了应遵循上述合规管理要求外,还需要向投保人提供产品说明书和投保建议书,其中的内容需要经过审核并由销售人员负责详细讲解。[③] 投保建议书是为了让投保人详细了解投保方案的各项具体信息,如投保金额、保险期间、缴费金额及方式、保单现金价值、理赔退保等流程。产品说明书则针对保险产品的具体信息,比如需披露的内容、条款说明、免责或减责条款的说明等。

5. 告知义务

《保险法》等法律法规对保险销售过程中的告知义务也作了特别规定。根据《保险法》对保险人的说明告知义务、投保人如实告知义务的规定,结合《保险公司管理规定》《人身保险业务基本服务规定》《保险公司养老保险业务管理办法》等监管规定中设置的如实告知义务和提示义务,保险公司在开展各类保险业务时须确保投保人能够充分掌握保险条款的内容和含义,尤其是保险人的免责条款、保险责任、保费支付方法等条款,销售人员应向消

---

① 《人身保险销售行为管理办法(征求意见稿)》第 54 条规定:“保险公司、保险中介机构、保险销售人员向客户推介保险产品以外的健康、养老服务,应与人身保险销售行为相互区分、风险隔离,并将服务提供主体、权利义务关系明确告知消费者。健康、养老服务应由客户自主选择,保险公司、保险中介机构、保险销售人员不得将健康、养老服务与人身保险产品强制搭配销售。”

② 《中国保监会关于规范人身保险公司赠送保险有关行为的通知》第 2 条规定:“人身保险公司赠送的人身保险产品仅限于意外伤害保险和健康保险,且保险期间不能超过 1 年。对每人每次赠送保险的纯风险保费不能超过 100 元,以公益事业为目的的赠送保险不受此金额限制。”

③ 参见《人身保险销售行为管理办法(征求意见稿)》第 44 条、第 45 条、第 46 条。

费者描述人身保险产品的风险和限制,包括可能存在的不良情况、保险金限制和可能的风险承担。若人身保险产品存在可能不适用的范围,诸如既往疾病的排除、高风险职业的限制等,销售时需要向消费者明确告知,否则将排除消费者的告知义务。从留存证据的角度考虑,保险机构可以将人身保险合同格式条款中的重点条款加黑标粗以示提醒,保险机构也可以就具体险种制作简易的说明书由业务人员向投保人书面说明重点条款的内容。

6. 电话销售

人身保险机构及中介机构可以通过电话销售开展人身保险产品销售业务,但销售的产品应限于普通型人身保险产品,符合进一步条件的保险公司才可以通过这一渠道销售分红型人身保险。在互联网保险销售方式兴起之前,电话销售方式是保险销售的主要途径之一,尽管互联网保险销售在不断扩大其影响力,但电话销售依旧是保险公司拓展销售途径的重要手段之一。开展电话销售业务的保险公司需要满足一定条件,并设立电话销售中心专门开展业务,对销售中心的负责人也规定了一定条件,在满足系列市场准入条件后,保险公司才能通过电话销售模式开展业务。保险公司或中介机构进行电话销售的,需要全程记录并留存,不得对客户造成骚扰。若投保人同意投保,销售人员可以通过签署投保单和电话录音的形式进行签单工作,并且还可以指导投保人通过自营的网络平台完成投保操作。完成销售后,保险公司应向投保人提供纸质保单或确保投保人能够收到并可以查询到电子保单。为了确保电话销售过程的合规性,电话销售中心应建立合规合法的销售禁拨等制度、销售用语体系、销售人员培训制度和销售质量监测体系等,对全程电话录音应做好备份存档工作,应当按照有利于投保人、被保险人、受益人的原则处理客户投诉事件。

三、保险承保合规

在完成保险宣传和销售程序后,保险公司还需要进行独立的核保流程。保险核保是对投保人的投保信息进行审查、评估和风险分级,在全面掌握投保人信息的基础上决定是否承保、以什么条件承保。承保流程的合规问题集中在承保过程中的保险机构或中介机构相关工作人员的操作规范，保险公司、中介机构等保险机构应当制定完善的承保指引、承保业务档案管理、出单操作指引等制度，核保人员应当严格按照操作指引及相关政策开展每一笔业务，并对业务的相关单据予以留存。《健康保险管理办法》规定了经营健康保险业务的公司应当建立健康保险核保制度和理赔制度，并配备具有健康保险专业知识的核保、核赔人员，并且对从事健康保险的核保、理赔及销售等从业人员进行健康保险专业培训。

根据《人身保险业务基本服务规定》，如果保险公司认为需要进行体检、生存调查等程序的，应当自收到符合要求的投保资料之日起5个工作日内通知投保人，并在收到投保人提交的报告后15个工作日内告知承保结果。《保险公司养老保险业务管理办法》规定，对投保大额个人养老年金保险的投保人，保险公司应当对其财务状况、缴费能力等方面进行必要的财务核保，对团体养老年金保险产品的投保、退保还需要进行更加严格的审查。

四、保险理赔合规

《保险法》按照保险理赔程序的流程顺序，分别规定了保险人和投保人、被保险人、受益人的权利义务。发生保险事故后，投保人、被保险人或受益人应当及时提起索赔申请并有协助提供保险事故有关证明和材料的义务。保险机构在收到保险赔偿或给付保险金的请求后，应当及时作出核定结果并告知被保险人或受益人，在达成赔偿或给付保险金的协议后按时履行相关义务，若保险机构拒绝赔付或先行赔付，应当及时通知或及时履行义务。

保险公司核赔程序的重点是审查投保人、被保险人或受益人是否存在保险诈骗行为。《人身保险业务基本服务规定》也对人身保险核赔流程作出了具体规定，从申请、核定到鉴定都规定了审核期限和材料要求。完成上述业务流程后，保险公司应当根据保险合同的约定，结合核赔结果及时履行赔偿或给付保险金的义务。《人身保险业务基本服务规定》中还规定保险公司应当建立应急预案,遇到紧急事故应及时启动应急预案,进一步提高理赔效率和质量。核赔标准需要符合法律和公司规章制度的有关规定,保险监管机构应当及时审核相应标准是否合理、有效。

五、售后合规

1. 代理退保

实践中,部分机构或个人以“全额退保”“保险维权”等名义对有退保意愿的消费者实施诈骗,非法开展代理退保业务,保险监管机构为此特别重申规定未经批准从事相关业务的机构或个人不得开展代理退保的相关业务①,退保必须由投保人或受益人自行办理,相关费用退还问题也需按照保险合同约定和相关法律规定通过正规渠道予以解决。为了防范此类风险,监管机构多次发布相关条文,例如《关于防范“代理退保”等风险的提示》等,旨在提醒广大消费者警惕“退保陷阱”,维护保险消费者合法权益的同时维护保险行业形象和经营环境。

2. 客户回访

保险合同签订完成后,为了保障消费者权益,进一步防范销售误导,加深客户对保险产品的理解,提供必要的保险服务支持,并获取客户的反馈和建议,保险公司为了维持保险合同的效力还会提供回访、保全等后续服务。针对购买长期人身保险的投保人,保险公司应对客户展开回访工作。《健康保险管理办法》规定,保险公司销售长期个人健康保险产品的,应当在犹豫期内对投保人进行回访。《人身保险业务基本服务规定》规定了回访制度,并对保险保全进行了定义,包括但不限于保险合同效力中止与恢复、保险合同内容变更等。保险公司应自收到资料齐全、符合合同约定条件的保全申请之日起 2 个工作日内完成受理。2020 年 2 月 7 日,原银保监会印发《中国

---

① 《人身保险销售行为管理办法》(征求意见稿)第 71 条规定:“任何机构、组织或个人不得主动向保险消费者邀约开展人身保险退保业务咨询、代办等经营活动和服务,不得怂恿、误导退保人退保。退保要本人亲自办理任何人不得接受委托代办,违反规定的,可以认定为非法从事保险业务活动。”

银保监会办公厅关于推广人身保险电子化回访工作的通知》,明确保险公司应开展电子化回访,建立统一电子化回访信息系统,保障回访工作的开展。《人身保险销售行为管理办法(征求意见稿)》对回访流程规定了具体内容,确保投保人身份并确定其对保险产品的涉及对象、犹豫期、保险责任、责任免除、交费方式、退保产生的损失等内容均已知悉,若对人身保险销售行为实施可回溯管理可以简化回访工作。为了保证回访工作的独立性和有效性,客户回访工作应当由销售人员之外的工作人员开展。金融监督管理总局则以《保险销售行为管理办法》对此进行规定。

3. 质量监督和投诉处理

作为消费者维护自身权利的重要途径,保险公司需要建立完善的质量监督和投诉处理工作机制。原银保监会发布的《银行业保险业消费投诉处理管理办法》,要求建立健全制度机制,加强行业协作,依法合规做好保险消费投诉处理工作。《人身保险业务基本服务规定》也包含投诉处理制度的相关内容,第 4 条和第 5 条规定了保险公司应设置电话服务,第 29 条和第 30 条补充了投诉处理机制和服务质量评估监督机制的具体内容。

第四节　投资型人身险业务合规

投资型人身保险是基于人身保险,特别是寿险,资金聚集解决保险资金保值增值基础上发展起来的附有金融投资功能的综合性保险,同传统保障型的人身保险不同,投资型人身保险具有集合保险客户资金委托保险公司进行投资的功能,在为保险客户提供传统保险的风险保障功能的同时,还能带来集合资金委托投资的金融产品的保值增值功能。投资型人身保险需要投保人在购买前充分了解产品的特点、风险和收益,在风险承受能力允许的前提下,合理配置投资组合,并密切关注市场动态,以确保获取预期的投资回报。投资型人身保险产品是现代金融发展和金融创新的产物,在我国保险市场上投资型产品经历了从最初热销到停滞,再到强监管下的控制性发展,其已经成为我国保险市场上重要的保险产品,也是我国保险业监管的重点对象,对于该类型保险的合规经营可以关注以下几个方面。

一、投资账户合规管理

投资型保险以收取保险费的形式从保险客户处募集投资资金,再由保险公司内部的专业化投资团队进行集合投资或委托外部投资机构投资,不同的保险产品由不同的投资团队投资,投资方向和投资期限均不同,产生的收益或亏损也自然不同,必须设立专门的投资账户。保险监管机构发布的《关于规范投资连结保险投资账户有关事项的通知》等规定,已经对投资型保险投资账户的设立、资产配置、账户价值估值和信息披露等方面进行了规定,同时,对账户管理主体、条件等也需要进行合规管理。投资型保险产品的投资与资产管理、信托、基金等金融投资产品的投资在本质上没有实质区别,应适用金融投资产品投资的规定进行合规管理。

虽然法律法规有投保人选择投资账户自由配置投资账户资金的规定,但由于投保人缺乏专业知识和投资能力,购买投资型保险的原因就是委托保险公司作为专业机构为其投资,事实上还是依赖于保险公司的抉择。保险公司投资管理团队具有更多的专业优势和信息优势。投资型人身保险的监管需要区别于传统保障型保险的监管,应当强化金融投资监管。

二、产品销售合规管理

投资型人身保险不仅是保险更是金融投资。我国《保险法》的规定建立在传统保障型保险的基础上,主要是关于保障型产品销售行为合规管理问题的规定,在投资型人身保险金融投资产品销售行为合规管理上没有法律层面的规定。关于投资型人身保险的管理规定主要由保险监管机构制定。在原保监会与原银监会合并之前,保险、银行、证券分业监管,互不隶属,面对同类同功能的金融投资产品不同的监管机构提出了不同的监管要求,无法满足金融统一大市场同一监管的市场秩序需求。为此,我国监管体制因时而动,从原保监会至原银保监会,再到如今的金融监管总局,解决了银行金融投资产品与保险金融投资产品的统一监管问题,并且通过国务院统一协调机制,与证券金融投资产品和私募金融投资产品的监管也实现了协同。金融市场从主体监管走向功能监管是金融监管体制改革的方向,同一类实现同样功能的金融产品施以同类同等的监管措施是各个分业监管机构监管的共同目标,作为保险机构来说,投资型人身保险产品销售过程中不仅要关注保险监管机构的合规规定,还要关注《民法典》《消费者权益保护法》等《保险法》以外的法律法规规定和国务院对金融投资产品统一提出的监管要求,在遵守保险销售合规管理的要求外,还应遵循金融产品销售的合规管理要求。

第五节 人身保险合规案例评析

案例一:保险代理人业务不合规,保险公司承担额外的保险赔偿责任[①]

案情简介

2016 年 6 月 29 日,丁某体检发现其患有右侧甲状腺结节。2016 年 8 月 21 日,丁某的配偶张某以丁某为被保险人及受益人,在某保险公司为丁某投保人身保险。投保时,张某向保险公司的保险代理人黄某出示了丁某体检出其患有右侧甲状腺结节的体检报告,口头告知保险代理人之前已发现其有甲状腺结节症状的事实。但保险代理人黄某没有如实在投保书上填写,反而在保险投保书上代张某打钩,在投保书中“甲状腺或甲状旁腺疾病”的

① 丁某诉甲保险公司人身保险合同纠纷案,上海金融法院(2019)沪 74 民终 373 号民事判决书。

询问位置勾选了“否”。张某和丁某根据保险代理人的指导在《人身保险投保书》《人身保险（个险渠道）投保提示书》上签字，并以没有反映实际情况的投保材料送交保险公司核保，保险公司按正常流程进行了承保，保险合同于2016年9月1日成立并生效。投保险种包括附加重疾险，保险期间为终身，基本保险金额为30万元。

2018年4月13日，丁某在某医院被确诊为右侧甲状腺恶性肿瘤，进行了手术。手术后，丁某根据保险合同约定向该保险公司索赔。2018年8月5日，该保险公司出具《理赔决定通知书》，要求解除保险合同，并不退还保费，不予理赔。丁某不同意保险公司的拒赔决定，为此起诉至法院要求判决该保险公司向其支付保险赔偿金30万元。

本案争议焦点在于该保险公司能否以投保人未尽如实告知义务而解除保险合同并予以拒赔。虽然本案中涉案《人身保险投保书》、《人身保险（个险渠道）投保提示书》上投保人、被保险人签名处张某和丁某的签字均系其本人所签，但上述保险投保时投保人和被保险人签字的投保文件上打钩的行为均为保险代理人黄某代为进行。且涉案保险合同签订前，投保人张某已经向保险代理人黄某出示了丁某的体检报告，体检报告已载明丁某患有甲状腺结节。保险代理人黄某在明知丁某患有甲状腺结节的情况下，仍违规代张某和丁某在投保书询问事项“甲状腺或甲状旁腺疾病”中勾选“否”，导致保险公司核保时无法进行合规处理，该行为最终被法院认定为保险代理人违规阻碍投保人履行如实告知义务。因保险代理人代理保险公司销售保险的行为在外部法律关系上直接约束作为被代理人的保险公司，法院进而认定保险代理人黄某上述代为填写的内容不能视为投保人张某的真实意思表示，应视为张某在投保时已经履行了如实告知义务，判决该保险公司向受益人丁某支付保险金30万元。

案例评析

保险合同的射幸性决定了保险合同的签订是双方对风险认识的博弈，

确保双方充分认识风险、了解风险是保险公司承保过程中的重要任务。保险机构和投保人自身利益的不同,掌握信息的不对称,决定了在保险活动中诚信原则至关重要,我国保险法要求保险当事各方应遵循最大诚信原则从事保险活动,提出了比一般民事合同诚信原则更高要求的最大诚信原则。保险代理人作为保险公司开展保险产品销售活动的代理人,是保险公司与投保人、被保险人、受益人之间沟通的重要基础,代理保险公司销售保险产品,保险代理人不合规经营的后果直接应由保险公司承担,保险代理人不合规执业行为,不仅损害投保人、被保险人的合法利益,也会最终导致保险公司因保险代理人的不合规行为多承担保险责任。人身保险合同投保时,保险公司保险代理人不严格遵循执业规则,违规代投保人填写保险投保文件的行为屡有发生,很多时候会导致保险公司错过核保程序作出合规处置的机会,最终结果是保险公司在不了解被保险人原有病史的情况下承保。该种不合规行为结果往往是在司法诉讼中法院直接认定投保人已经履行了如实告知义务,判决保险公司应当予以理赔。对于保险公司来说,因为保险代理人的不合规行为,导致对不符合保险公司相关保险产品承保标准的被保险人错误承保,最终为保险代理人的违规行为承担了不应承担的保险赔偿责任。

本案的裁判结果从法律层面对保险代理人保险产品销售行为不合规问题进行了有效制裁,应当说是维护保险市场最大诚信原则的应有之义,有利于规范保险代理人合规执业,有利于强化保险公司对保险代理人、保险经纪人等保险销售人员经营行为的合规管理,最终必将有利于人身保险行业的持续良性发展。从保险公司的角度来看,这是一起因保险代理人开展人身保险过程中的业务合规问题引发的保险公司承担了本不应当承担的保险赔偿责任的典型保险合规案例。

案例二:未及时行使合同解除权,保险公司承担保险赔偿责任①

案情简介

2015 年 5 月 2 日,某保险公司保险代理人姚某在该保险公司以自己为投保人和被保险人投保了分红型终身寿险,保额金额为 200 万元。在投保单健康信息填写中,关于是否"患 × ×炎、乳房肿块……"以及是否"曾收到乳房复查或活组织检查的建议"等栏目中,作为投保人、被保险人的姚某均填写为"否"。2015 年 11 月 6 日,姚某因患乳腺肿瘤而死亡。姚某丈夫许某向该保险公司提出保险金给付请求,该保险公司出具《理赔结果通知书》拒赔。理由为:保险公司在接到许某的理赔申请后,经调查后发现,作为投保人、被保险人的姚某于 2014 年 9 月 6 日在江苏省中医院乳腺外科接受检查时所做的 B 超结果已有"双侧乳腺增生、右侧低回声肿块伴钙化,弹性评分 2 分"的表述。保险公司认为,姚某的该检查结果已经对保险公司是否承保造成了实质性影响,而投保人、被保险人姚某在已知自身身体状况的前提下仍隐瞒了重要事实进行投保,造成保险公司错误承保。2016 年 3 月该保险公司将《理赔结果通知书》送达许某。许某不认可保险公司拒赔理由,以该保险公司为被告提出诉讼,要求该保险公司支付保险金。

在本案例中,法院认定作为投保人、被保险人的姚某存在没有如实告知的情形,认定保险公司有权在知道投保人、被保险人违反如实告知义务事实之日起 30 日内行使法定解除权。但法院同时认为,经法庭审理查明该保险公司早已于 2016 年 1 月知晓被保险人姚某带病投保并已以姚某隐瞒影响是否承保的重大事实为由出具《理赔结果通知书》拒绝赔付,但该通知书于同年 3 月底才送达许某手中,且该保险公司并未依法提出解除该保险合同,遂

① 许某等与某保险有限公司江苏分公司保险合同纠纷上诉案,江苏省南京市中级人民法院(2017)苏 01 民终 5379 号民事判决书。

根据《保险法》第16条的规定以该保险公司未在知道投保人、被保险人违反如实告知义务的事实后30日内行使解除权，进而认定法定解除权失效为由，判决该保险公司承担保险赔偿责任和诉讼费用。

案例评析

保险合同解除权指保险合同当事人提前终止保险合同的权利，包括法定解除权和约定解除权。当《保险法》所规定的情况出现时，保险公司才能行使法定解除权，同时保险法规定的情况出现时保险人也要及时明确地向投保人、被保险人或受益人行使合同解除权，没有依法及时行使合同解除权，保险合同并不因出现合同解除法定或约定情形而自动解除。保险公司的保险合同解除权虽然是权利，但同时承担依法依约解除合同的义务。本案中，姚某作为该保险公司的保险代理人，向其本人代理保险产品的保险公司投保人身保险产品，对投保人违反如实告知义务保险公司依法有权单方解除保险合同应当认定为是明知的，无论保险事故发生前还是在保险事故发生后，保险公司知道或应当知道姚某故意未履行如实告知义务，保险公司均有权行使保险合同的解除权。本案的关键在于，保险公司没有依法合规地在法定期限内行使保险合同解除权，存在怠于行使法定权利的问题。最终法院也是因为保险公司行使解除权拒赔通知送达给受益人超过法定解除权行使期限，而没有支持保险公司解除保险合同拒赔的抗辩理由。保险公司最终因其在核赔过程中不合规的操作承担了本不应承担的保险赔偿责任，给保险公司带来有不应有的损失。这也是一起典型的因保险公司工作人员业务不合规的行为造成增加保险公司司法上保险赔偿责任的业务合规案例。

案例三:保险公司承保不合规,保险合同无效退款[①]

案情简介

2011 年 3 月 28 日,投保人武某以其未满一周岁的孙子为被保险人在某保险公司投保了人寿两全保险(分红型),但其将自己未满一周岁的孙子聂某作为被保险人向保险公司投保的行为未经未成年人父母的同意。在这份保险单项下,该保险公司承担的保险责任除了意外伤害身故保险金、祝寿金、身故保险金和生存保险金等保障型保险项目外,还根据保险公司前一年的运作情况向投保人进行分红。武某作为投保人并向保险公司交纳了保险费。投保后不久,武某向法院提起诉讼,以其为无民事行为能力的孙子投保且未经被保险人父母同意为由,请求法院认定其与该保险公司之间签订的包含死亡给付条件的保险合同无效。保险公司则抗辩称,该保险产品属于理财类而非单纯死亡给付类产品,主张保险法中关于死亡给付保险的规定不适用本案,并主张即使死亡保险条款被视为无效,合同的其他条款仍应有效。

本案中,法院认为,该款保险产品虽然同时具有保险保障和理财投资两种性质,但不能因此不适用保险法中关于死亡保险给付的规定。本案中投保人武某投保的被保险人系其孙子,被保险人属于无民事行为能力人,未经被保险人监护人同意,武某对被保险人不享有保险利益,从而认定武某在未经未成年人父母同意的情况下不能签订以未成年人死亡为保险金给付条件的保险合同,判决该保险条款中死亡保险给付条款无效。同时,法院认定,保险合同包含的其他保险责任和红利分配与被保险人的寿命相关,该保险合同具有不可分割性,最终判决该保险合同整体无效,保险公司退款。

① 武某诉某人寿保险公司重庆公司等保险合同纠纷案,重庆市第一级人民法院(2015)渝一中法民终字第 06993 号民事判决书。

案例评析

根据我国保险法的规定,保险利益指投保人对保险标的具有的法律上承认的利益。投保人投保人身保险时,必须对被保险人具备保险利益。投保人对其本人、配偶、子女、父母和前述人员以外的,与投保人存在有抚养、赡养或扶养关系的家庭其他成员、近亲属、与投保人有雇佣关系的劳动者等具有法定的保险利益。除了上述法定的具有保险利益的情形,如投保人取得了被保险人的同意后为其订立保险合同,该投保人依法被视为对被保险人具备保险利益。

本案中,保险公司有着两个明显的业务上的合规管理问题:首先,保险公司在承保、核保过程中对投保人对保险标的是否具有保险利益没有进行严格审查,在以未成年人作为被保险人的保险中没有要求投保人提供未成年人父母的同意书。根据法律法规和监管要求,保险公司在保险合同订立之时应该严格审查投保人对被保险人是否具有保险利益,投保人在未取得未成年被保险人父母同意的情况下依法应拒绝承保带有死亡给付条件的保险合同。其次,该保险公司保单设计中将分红利益与被保险人寿命捆绑起来,无法分割,最终部分合同条款无效而导致全部条款无效。本案中,分红型人身保险条款与未成年人死亡给付条件捆绑,整个保险产品需要遵循保险法中关于未成年人死亡给付保险的规定。不同于本章上述案例一,案例一存在保险代理人违规填写投保文件导致保险公司核保人员无法发现问题而错误承保,本案是保险核保过程中没有严格按流程操作,不合规的核保导致保险公司承担额外责任的典型案例,是保险公司核保过程不合规最终导致保险公司损失案例。

案例四：保险代理人提供索赔材料不合规，保险公司承担保险赔偿责任[①]

案情简介

宋某于 2015 年 5 月 14 日通过某保险公司的保险代理人在某保险公司处为其所有的渔船业务投保了雇主责任险。2015 年 10 月 11 日，投保人宋某的雇员赵某在宋某负责经营的渔船上作业时，挤伤手指受伤。宋某向赵某支付了伤残赔偿款，双方签订了《工伤伤残赔偿协议书》，载明 2016 年 1 月 5 日，赵某在受雇佣于宋某期间发生工伤事故，造成八级伤残，宋某已承担了医疗期间的所有的医疗费用。赵某收到款项并出具收款凭证，载明其已收到船东宋某给付赵某本人的伤残赔偿金。

此后，宋某向该保险公司提出索赔请求，要求该保险公司赔付宋某已赔偿给赵某的医疗费用与伤残赔偿金等款项。该保险公司接到索赔申请后，以宋某提供的船员证系虚假材料为由，于 2016 年 7 月 21 日向宋某出具了《拒赔通知书》。诉讼中，宋某主张在赵某受伤后宋某向保险公司提出索赔请求时，保险代理机构才向宋某提供保险公司出具的保险单，并代宋某向该保险公司提交了索赔申请材料，代为办理了所有索赔申请手续。该保险公司亦认可宋某是通过该保险公司的保险代理人投保并在保险单上签名按手印的，索赔申请手续也是由保险代理机构办理并按照保险单的特别约定条款由保险代理人向该保险公司提交的材料。但保险公司未能向法庭提交宋某签名的投保单或其他相关证据证明保险公司已经履行了保险法规定的告知说明义务。

本案争议的焦点为保险公司是否应当向宋某承担支付保险赔偿金的保险责任。涉案保险为不记名投保的雇主责任保险。诉讼中，保险公司辩称

---

① 宋某诉某农业保险股份有限公司江苏分公司保险合同纠纷案，青岛海事法院（2016）鲁 72 民初 1627 号民事判决书。

宋某提出理赔申请应提交《出海船舶户口簿》及伤者船员证，如无法提交则保险公司免责。但从本案法院审理查明的事实来看，保险公司收取的索赔申请材料都是保险中介机构代交的，宋某对其保险条款中规定的索赔申请所需材料并不知晓，保险公司亦没有证明与宋某直接联系沟通理赔相关事宜。最终法院以"本案中无法认定宋某主动向保险公司提交了虚假的船员证等理赔材料为由"，认定该保险公司不能依据其保险条款中的免责条款主张因宋某未提交真实的《出海船舶户口簿》及船员证而免责，判决保险公司作为雇主责任险的承保保险公司，在保险事故发生以后应当在保险合同约定的限额内向被保险人宋某承担保险责任。

案例评析

依照《保险法》的规定，订立保险合同，采用保险人提供的格式条款的，保险人向投保人提供的投保单应当附格式条款，保险人应当向投保人说明合同的内容。对保险合同中免除保险人责任的条款，保险人在订立合同时应当在投保单、保险单或者其他保险凭证上作出足以引起投保人注意的提示，并对该条款的内容以书面或者口头形式向投保人作出明确说明；未作提示或者明确说明的，该条款不产生效力。《保险法》明确规定，采用保险公司提供的格式条款订立的保险合同中的下列条款无效：(1)免除保险人依法应承担的义务或者加重投保人、被保险人责任的；(2)排除投保人、被保险人或者受益人依法享有的权利的。依照《最高人民法院关于适用〈中华人民共和国保险法〉若干问题的解释(二)》(以下简称《保险法解释二》)的规定，保险人提供的格式合同文本中的责任免除条款、免赔额、免赔率、比例赔付或者给付等免除或者减轻保险人责任的条款，可以认定为保险法规定的"免除保险人责任的条款"。同时，《保险法解释二》明确规定，保险人对其履行了明确说明义务负举证责任。根据上述法律和司法解释的规定，法院将雇主责任保险条款中特别约定的免责条款的明确向投保人告知说明义务的举证责任分配给保险公司是适当的。保险公司虽然声称其已要求保险代理人向投保人明确告知保险条款的内容及投保人向保险公司索赔应提交的材料,但投保人在诉讼中不予认可保险代理人已经向其告知说明,保险公司亦没有提交证据证明其说法,法院根据举证责任承担规则因此认定保险公司未对上述免责条款的内容以书面或者口头形式向投保人作出过明确说明,进而认定该条款对投保人、被保险人不产生法律效力,是符合法律规定和司法解释规定的。本案中,无论是因为保险公司未及时将保险条款提供给保险代理人,还是保险代理人未按保险销售行为合规流程操作将保险条款告知投保人,或者是保险公司、保险代理人虽履行了明确说明告知义务但因档案保管问题而无法举证,均是保险公司在开展业务经营活动中未合规经营导致损失的典型合规案例。

案例五:保险公司履行告知说明义务但未留痕,保险公司主张免责无效[①]

案情简介

2015 年 1 月 30 日,陈某作为被保险人、其妻子杨某作为投保人,与某保险公司签订人身保险合同。陈某在投保时,保险公司工作人员向其提供了《人身保险投保书》与“健康告知”有关的“询问事项”,其中有“是否目前吸烟、喝酒或者曾经吸烟、喝酒”、“过去一年、三年、五年是否门诊检查治疗;是否曾有医学(包括健康体检)结果异常;是否曾住院检查或治疗”、“是否目前或过去一年曾有过头痛或眩晕等症状”和“××手术史”等保险公司询问事项,由被保险人通过电脑在“否”勾选框中选择打钩。投保单所附《人身保险投保提示书》载明了法律法规对投保人的如实告知行为的明确规定,要求投保人在投保时填写的投保单和提供的材料应当属实。投保单所附《电子投保申请确认书》载明投保人关于被保险人信息准确无误,被保险人健康等其

① 某人寿保险股份有限公司龙岩中心支公司与陈某某人身保险纠纷上诉案,福建省龙岩市中级人民法院(2017)闽 08 民终 41 号民事判决书。

他告知内容属实,与本次投保有关的问卷、体检报告及对体检医生的各项陈述均确实无误。陈某作为被保险人、其妻子杨某作为投保人在《人身保险投保提示书》和《电子投保申请确认书》均予以签名。

2015 年 6 月 13 日,被保险人陈某到福州市某医科大学附属医院进行检查,经诊断,陈某患有肝恶性肿瘤等疾病,后即入住该院治疗,《入院记录》载明:陈某“吸烟 10 年余,10 根/天,饮酒 20 年余,10 瓶啤酒/天”。2015 年 6 月 23 日陈某出院,出院诊断为肝恶性肿瘤等。2015 年 7 月,陈某向该保险公司申请保险理赔。2015 年 7 月 21 日,保险公司出具《书面答复》,核赔结果如下:认为被保险人陈某在投保本案人身保险单前,存在严重影响保单承保的身体健康状况,且投保人在投保时未如实告知,引用《保险法》第 16 条的规定,主张解除保险合同并且拒赔。

本案中,法院虽然认定保险事故系陈某经确诊患有合同约定的重疾即肝恶性肿瘤而引发,但认为:首先,人身保险承保时投保人承担如实告知义务的方式为询问告知主义,即由投保人在《人身保险投保书》“健康告知”的“询问事项”栏中的“是”与“否”勾选框中打钩进行选择确认。《人身保险投保书》中,与健康有关的“询问事项”栏中,涵盖了包括陈某在内的绝大多数人都曾经健康异常的情形,如“是否目前吸烟、喝酒或者曾经吸烟、喝酒”、“过去一年、三年、五年是否门诊检查治疗;是否曾有医学(包括健康体检)结果异常;是否曾住院检查或治疗”、“是否目前或过去一年曾有过头痛或眩晕等症状”,“手术史”等,而电脑均在被保险人名下“否”勾选框中选择打钩,显然有悖常理。《保险法》规定,订立保险合同,采用保险人提供的格式条款的,保险人向投保人提供的投保单应当附格式条款,保险人应当向投保人说明合同的内容。该法条规定的保险人对免责条款承担提示和明确说明义务,是保险人应主动履行的义务,并不是基于投保人请求被动产生的,保险公司以电子投保即电脑在勾选框中打钩方式,不满足保险机构主动履行告知说明义务的要求。法院因此最终认定,虽然《人身保险投保书》“健康告知”的“询问事项”前 10 项投保人电脑均在被保险人名下“否”勾选框中选择打钩,但是不能以此认定保险公司针对该健康状况的前 10 项逐一作出了说明,判决不支持保险公司免责抗辩,判决要求保险公司承担保险赔偿责任。

案例评析

实务中,人身保险投保书等投保材料一般系保险机构事先制作的格式文本。本案争议的"健康告知"事项在内的相关内容和信息,也均由其保险公司工作人员在电脑中输入后制作形成,但保险公司的工作人员在输入相关内容前依法应当对告知内容进行询问,即先有保险公司的询问在前,后有投保人对咨询相关事项的告知在后。作为专业从事保险行业的保险公司,对前来购买保险服务的客户,应当具备记录、记载询问过程并留痕以固定相关证据的条件,从而降低争议产生的概率和保险公司的行业风险。本案中,在投保人明确主张保险公司的工作人员未进行询问的情况下,法院将保险公司已进行询问的举证责任分配给保险公司具有法律依据。保险公司未能提供证据证明其已向投保人进行询问,依法应承担不利后果。本案在我国互联网技术高速发展的背景下更具有现实的典型意义,保险机构在享有技术创新带有的收益的同时,也必然需要面临电子数据可能带有的证据留痕巨大的风险,保险公司不仅需要事实上做到合规经营,而且需要以有在司法诉讼中可以展示的方式留痕的满足诉讼中对法律事实查明要求的证明证据。

案例六:保险事故发生时签订的保险合同成立已经超过两年,保险公司以投保人未如实告知拒赔不成立①

案情简介

2011 年 3 月 28 日,投保人王某与某保险公司签订终身寿险人身保险合

① 某人寿保险股份有限公司东营中心支公司与贾某某人身保险纠纷案,山东省东营市中级人民法院(2015)东商终字第 267 号民事判决书。

同,约定若被保险人因意外伤害或于保险合同生效之日起180日后因意外伤害以外的原因导致身故,保险人将按照被保险人身故时保险合同载明的保险金额与保险合同账户价值之和给付身故保险金,同时保险合同终止;若投保人故意不履行如实告知义务,对于保险合同解除前发生的保险事故,保险公司不承担给付保险金的责任,并不退还保险费;若投保人因重大过失未履行如实告知义务,对保险事故的发生有严重影响的,对于保险合同解除前发生的保险事故,保险公司不承担给付保险金的责任,但应当退还保险费。

2008年9月26日至2008年10月16日,王某在胜利石油管理局某医院就诊时已被诊断为恶性肿瘤。2013年9月25日至2013年10月4日,王某因宫颈恶性肿瘤在胜利油田中心医院住院治疗。2015年3月23日至2015年4月8日因宫颈恶性肿瘤在胜利油田某中心医院住院治疗,并于2015年4月8日因宫颈术后复发医治无效死亡。王某去世后,受益人要求保险公司支付保险理赔金。2015年6月16日,该保险公司向受益人出具理赔拒付通知书,保险公司以投保人没有履行如实告知义务为由主张解除保险合同,并主张对保险合同解除前发生的保险事故不承担给付保险金的责任,只退还所缴保费。保险公司主张投保人王某在订立合同时因重大过失未履行如实告知义务,投保前已经患有宫颈癌。保险公司提供人身保险投保单,证明投保人王某在投保单中告知事项及声明(其中第25条F款为专门问询泌尿及生殖系统疾病告知栏)中,填写的向保险公司告知的内容为自己身体良好,没有患癌症等重大疾病,也没有因严重疾病住过院,无既往病史、过去5年未住院检查及治疗,没有生殖器官疾病等。投保人王某并在投保单确认栏中手写:本人已阅读保险条款,产品说明书和投保提示书,了解本产品的特点和保单利益的不确定性,投保人处签名和被保险人处签名为投保人王某。保险公司提供人身保险投保提示书中已将相关条款用加粗字体明示,保险公司以此主张其在承保前向投保人王某履行了投保提示义务,并已要求投保人王某认真阅读条款内容,重点关注保险责任、责任免除、投保人及被保险人权利和义务等,并要求投保人如实填写投保资料、如实告知有关情况并亲笔签名,进而主张已经履行了法律规定的提示和明确说明义务。

本案中,法院认为,根据《保险法》的规定,保险合同成立之日起超过两年的,保险人不得解除合同,发生保险事故的,保险人应当承担赔偿或者给付保险金的责任,认定本案案涉保险合同成立之日至保险事故的发生之日已经超过两年,保险受益人请求该保险公司支付被保险人身故事故保险金及保险合同账户价值,符合法律规定,不违反合同约定,判决对保险受益人的请求予以支持。针对保险公司反诉投保人王某未履行如实告知义务,被告在信息不对称的情况下承保,诉请驳回原告的诉讼请求并撤销与投保人王某签订的保险合同的要求,法院以反诉请求没有事实和法律依据为由,没有支持。

案例评析

根据《保险法》的规定,投保人故意或因重大过失未履行如实告知义务,足以影响保险人是否同意承保或提高保险费率的,保险人有权解除合同。但是自合同成立之日起2年的,保险人不得解除合同,发生保险事故,保险人应当承担赔偿或给付保险金的责任。在保险合同履行期间,投保人依约交纳了保险费,后被保险人因宫颈恶性肿瘤医治无效死亡,被保险人死亡时已超出合同成立时间2年以上,在保险合同成立起2年内保险公司并未提出解除合同,因此依据前述保险法规定,法院认定即使投保人未履行如实告知义务,也因为超过2年的法定解除合同期限,保险人超过2年后也不得解除合同,最终判决保险公司承担保险合同下的责任。

保险行业是具有经营风险和管理风险的行业,当然经营风险或管理风险来自保险业务经营者承保后的风险而不是承保之前的风险,原则上因保险产品承保前的风险导致的保险事故不属于保险承保的范围之内。但人类疾病是一个复杂过程,因疾病导致的被保险人死亡或伤残的保险事故与被保险人个人身体有关,与环境因素和此后的治疗因素也有关,甚至很难判断具体的疾病原因和疾病产生的时间。人身保险承保过程中,《保险法》对被保险人带病投保的规制主要关注的问题是防止逆向选择的道德风险,而不能客观上完全排除保险公司对被保险人已发生疾病的承保。为此,《保险法》拟制了投保前被保险人的疾病与保险事故发生时间之间的两年观察期限,强行将两年之内和两年之外发生保险事故的情形进行了区分,将投保两年发生的保险事故与被保险人自身疾病之间的因果关系进行了隔离。本案中,保险公司在明知保险事故发生在投保人投保后的两年后仍以投保人没有如实告知为由拒赔缺乏法律依据,司法判决不仅依法维护了保险消费者的合法权益,也是对保险公司依法承担保险法律责任的宣示。

案例七:保险产品中约定的疾病诊断标准应当符合通行的医学诊断标准,保险公司以疾病治疗方式定义重大疾病并拒赔损害保险消费者利益[①]

案情简介

2017年6月27日,林某作为投保人在某保险公司处投保人寿保险,保险合同于当日00:40成立和生效。保险合同约定的生存保险金受益人为林某100%,身故保险金受益人法定100%,约定的保险项目包括主险保险期间终身,保险金额210,000元;附加重疾险,保险期间终身,保险金额200,000元;长期意外险,保险期间41年,保险金额200,000元;豁免保险费险,保险期间终身,交费年限29年,豁免的该保险10,000元基本保险金额对应的年交保险费141元和保险期间超过1年的附加险的年交保险费;同时,附加一年期限短险,含意外医疗,保险金额20,000元。除了豁免附加险种之外,其余保险的交费年限均为30年。林某于2017年6月27日缴纳首期保险费用5697.64元,于2018年4月19日4时在深圳市宝安区某人民医院入院进行治疗,手术及操作名称为颅内动脉瘤栓塞术、脑血管造影术、主动脉造影、锁骨下动脉造影、肾动脉造影。2018年4月20日,林某术后诊断为前交通动

① 林某与某人寿保险股份有限公司人身保险合同纠纷案,广东省深圳市中级人民法院(2020)粤03民终12077号民事判决书。

脉瘤破裂伴蛛网膜下腔出血，Hunt-Hess2 级。出院记录显示，林某自 2018 年 4 月 19 日入院，2018 年 5 月 3 日出院。此期间，林某共计支出医疗费用 144，545.05 元。

保险事故发生后，林某向该保险公司申请理赔，保险公司认为事故不符合保险条款约定的重大疾病或特定轻度重疾的标准，拒赔并不豁免保险费，主张林某的疾病属于破裂脑动脉瘤栓塞手术，根据保险合同中对重大疾病释义的条款，不符合重大疾病的认定标准，不承担给付保险金的责任。

林某遂将保险公司诉至法院。诉讼中，保险公司对林某的入院诊断为前交通动脉瘤破裂伴蛛网膜下腔出血，Hunt-Hess2 级的事实亦不持异议。法院据此认定，林某所患疾病符合案涉保险条款中约定的重大疾病，即“因脑动脉瘤破裂造成蛛网膜下腔出血”属于保险条款约定的重大疾病。该保险公司则认为讼争双方约定承保的是“破裂脑动脉瘤夹闭手术”而非脑动脉瘤疾病本身，“动脉瘤栓塞手术”被明确排除在保障范围之外。对此，一审法院认为，首先林某身体受到疾病损害是保险事故的基础，前引保险条款“破裂脑动脉瘤夹闭手术”项下关于“被保险人已经实施了在全麻下进行的开颅动脉瘤夹闭手术”是对疾病治疗方式的限制，该保险条款对重大疾病的设置并不合理，其所保障的不是疾病本身而是治疗方式，保险条款对于疾病治疗方式的限制，排除了林某享有的对疾病治疗方式的选择权。原中国保险监督管理委员会审议通过的《健康保险管理办法》第 21 条，保险公司拟定医疗保险产品条款，应当尊重被保险人接受合理医疗服务的权利，不得在条款中设置不合理的或者违背一般医学标准的要求作为给付保险金的条件。保险公司在健康保险产品条款中约定的疾病诊断标准应当符合通行的医学诊断标准，并考虑到医疗技术条件发展的趋势。健康保险合同生效后，被保险人根据通行的医学诊断标准被确诊疾病的，保险公司不得以该诊断标准与保险合同约定不符为理由拒绝给付保险金。又依据《保险法》第 19 条，采用保险人提供的格式条款订立的保险合同中的下列条款无效：（1）免除保险人依法应承担的义务或者加重投保人、被保险人责任的；（2）排除投保人、被保险人或者受益人依法享有的权利的。法院认为，保险公司这种以限定治疗方式来限制林某获得理赔的权利,免除了保险公司的保险责任,客观上也加重了林某的责任,该格式条款应认定无效。其次,就林某来说,选择重大疾病保险的目的,是为了在可能发生疾病时,能够得到一定的经济保障,法院认为对治疗方式予以限定显然不符合民众的通常理解和被保险人的合理期待。现代医学发展日新月异,原先有的疾病可能需要开胸、开颅才能做手术,而现在采取微创的方式可以治疗疾病的同时又能减轻病人的痛苦。林某在患有重大疾病时,选择先进的、科学的、手术风险小的手术方式进行治疗,而不是为了保险理赔刻意选择更痛苦的救治方式,具有合理性。法院最终以本案所涉医院为林某实施的"脑动脉瘤栓塞手术"对其自身的治疗和康复有利,亦达到了治疗林某所患疾病的初衷为由,没有支持保险公司的抗辩。

案例评析

保险合同是最大诚信合同,同时保险业特别是人身保险业与保险消费者权益保护密切相关,保险机构在开展业务活动中应时刻本着最大诚信原则,最大诚信是保险业务经营中最大的业务合规要求。具体到本案中,保险条款以治疗方式定义重大疾病并非完全不合规,某种程度上疾病的治疗方式与疾病的严重程度是正相关的,不用住院治疗的疾病一般比需要住院治疗的疾病要轻,需要手术治疗的疾病一般比不需要手术治疗的疾病要重,重大疾病需要更复杂花费更大难度更大的手术治疗在一般情形下也符合常理。但疾病诊断和治疗方法属于医学的专业问题,医学理论和实践在不断发展,不同的医院不同的医生在不同时期对于同一疾病治疗的方式并不总是相同的,科技的发展不断攻克技术难关,治疗技术也不断优化,治疗方式也不完全与疾病的严重程度等同,最终对重大疾病的判断还是以疾病诊断为准,实质重于治疗形式。本案中,司法机关对保险公司在健康保险产品保险条款疾病诊断标准方面提出了应当符合通行的医学诊断标准并考虑到医疗技术条件发展的趋势的要求,应当说符合保险最大诚信原则,符合保险法对保险业务经营监管的目的和立法原意。保险公司单纯以疾病治疗手段否定疾病本身的严重性,不仅不符合医学专业,与社会普遍要求的价值方向不符,也不符合最大诚信原则,值得保险公司自省。保险不仅具有风险管理的功能,也具有防范风险减少风险损失功能,用最小的社会成本为处置风险提供最优的解决方案才是保险机构追求的最大行业价值。

案例八:保险条款约定不明确,保险公司应承担业务不合规导致的保险赔偿责任①

案情简介

2018 年 11 月 23 日,刘某通过网络向某保险公司投保了卓越亚洲行保险计划,保险期间自 2018 年 11 月 24 日至同年 12 月 26 日,意外事故身故保险金限额为 30 万元,被保险人为刘某,受益人为刘某的法定继承人。与保单对应的《个人人身意外伤害保险条款》则约定,在保险合同有效期内,任何被保险人在旅行期间遭受意外事故,并自事故发生之日起 180 日内因该意外事故为直接单独原因身故的,保险公司按保险单上所载该被保险人相应的保险金额给付意外事故身故保险金,对该被保险人的保险责任终止;除保险单中明确约定承保的之外,任何在下列期间发生的或由下列原因造成的保险事故,保险公司不负任何赔偿责任:被保险人因酗酒或受酒精、毒品、管制药物的影响期间,被保险人精神错乱或失常而导致的意外。

2018 年 12 月 7 日,刘某的尸体被泰国当地居民发现于泰国芭提亚海滩地区。同年 12 月 10 日,经泰国当地法医检测,发现刘某尸体血液内酒精含量为 28 毫克/100 毫升,推测死亡原因为溺水加上心血管窄小。2019 年 3 月 8 日,安徽省宿州市灵璧县公安局某公安派出所出具死亡证明,确认刘某于

① 某财产保险股份有限公司上海分公司与杨某某人身保险合同纠纷案,上海金融法院(2023)沪 74 民终 275 号民事判决书。

2018 年 12 月 7 日死亡。之后,刘某法定继承人向保险公司申请保险理赔,保险公司以尸检报告描述“血液样本中发现 28mg% 的乙醇浓缩物”为由引用免责条款拒赔。

刘某法定继承人将保险公司诉至法院。诉讼中,法院认为,投保人与保险公司之间的保险合同合法有效。被保险人刘某意外身故后,杨某作为刘某的法定继承人有权作为保单受益人要求保险公司理赔。保险条款中关于理赔范围仅限于“直接单独”导致被保险人身故的意外事故的约定系免责事项,法院认定保险公司未对此进行法定的提示说明,以致双方理解有分歧,故应作出有利于被保险人和受益人的解释,判决确认被保险人刘某的死亡系保险合同约定的保险事故所致,支持了受益人杨某要求保险公司进行保险赔偿的诉请。

案 例 评 析

保险合同具有专业性。虽然保险业务经营者与保险消费者在民事法律意义上是平等的民事法律主体,具有相同的民事权利能力和行为能力。但在事实层面,保险消费者和保险业务经营者确实存在信息不对称,而且保险合同,特别是面向普通保险消费者的保险合同往往采用的是保险公司事先预制多次重复使用的格式条款,保险公司具有起草保险合同的优势。对此,保险法律法规从事前和事后两个方面对保险消费者进行保护。一是要求保险公司制定保险条款,应通俗易懂,保险业务经营者并负有对保险合同进行解释说明的义务,以保证在保险合同签订阶段消费者能够看得懂合同,保险合同能够体现消费者真实的意思表示。二是在发生争议后,如果根据通常理解还存在两个以上的意思,争议条款要作对保险人不利的理解,以倒逼保险公司在制定保险条款时把条款写得清晰明确,以免损害保险消费者的合法权益。本案中,即使被保险人存在自身疾病,但确实有意外事故的介入,没有证据证明没有意外事故介入,被保险人也会因疾病自然死亡。保险条款对意外事故介入后诱发原有疾病导致保险事故发生并没有明确的说明,保险条款应对保险公司作不利解释，将保险条款不明确的责任分配给起草格式合同的保险公司，将保险条款不明确的利益分配给保险消费者，是符合《保险法》立法目的和社会追求效果的。保险公司所要做的是，在制定保险条款阶段和保险产品销售过程中合规经营，尽力消除保险条款不明确带来的业务经营的风险。

案例九：理赔阶段利用专业优势拒赔，保险消费者放弃索赔声明被撤销[①]

案情简介

2020年8月7日，投保人吕某在保险公司投保了个人意外伤害保险，约定意外伤害身故和残疾保额为100,000元，保险期限自2020年8月7日0时至2021年8月6日24时，被保险人为吕某本人。保险合同特别约定：本保单承保1～4类职业（4类职业不可承保：家具制造；木材加工及木、竹、藤、棕；草制品；石材加工制造业）。2020年9月7日，吕某在拆房工地拆房时意外摔伤，经某人民医院抢救2天后死亡。吕某法定继承人向该保险公司索赔后，保险公司告知事故不属于承保范围的一至四类职业，吕某的其中一种继承人代表全体继承人并于2020年9月29日出具了放弃索赔的声明。2020年10月9日，保险公司委托的深圳市某保险公估公司对该索赔案出具调查报告，公估意见为：(1)被保险人吕某在工地进行拆墙工作时坠亡情况属实；(2)吕某出险时从事的拆墙工作归属为拆屋、迁屋工人，属于5类职业，不在保单特约注明的1～4类职业承保范围内；(3)被保险人签署已销案声明，建议保险公司对此案做销案处理。

此后，吕某继承人向法院提起了诉讼。诉讼中，关于吕某的一个继承人签署的放弃索赔声明问题，该继承人主张其存在重大误解，要求撤销放弃索

---

① 某财产保险股份有限公司株洲中心支公司、徐某某人身保险合同纠纷案，河南省濮阳市中级人民法院(2021)豫09民终367号民事判决书。

赔声明。法院认为,该继承人提起诉讼可以认定为其行使撤销权,认定在保险公司未提供证据证明在投保时已向投保人对1~4类职业的范围作出了明确说明的情况下,保险公司在吕某继承人向其提出索赔后告知受害人涉案死亡事故不属于保险理赔范围致使声明人产生了重大误解,其签署放弃索赔声明显失公平,支持了吕某继承人的诉请,并判决保险公司进行保险赔偿。

案例评析

保险是最大诚信行业,保障保险消费者的合法权益是保险法的重要职责。司法中,遵循实质公平原则不仅是对保险合同签订前的要求,也是在保险事故发生后理赔过程中需要遵循的原则。本节中案例八侧重于保护保险消费者在保险合同订立前的知情权和选择权,确保保险合同体现保险消费者的真实意思表示,本案中,保险公司没有提供证据证明在保险合同签订阶段保险从业人员履行了说明告知义务,在被保险人继承人向保险公司提出索赔后,保险公司利用专业优势在未充分保障保险消费者知情权和选择权的情形下,让保险消费者签署了放弃索赔声明。这种做法不仅与《保险法》《消费者权益保护法》相背,也不符合保险业本身发展的生态要求。保险机构需要始终坚持利用大数法则,通过对风险的管理和经营,将不确定的风险转化为可控的危险,创造社会价值,而不能通过减少被保险人方本应有的权益而不当获利。

第六节　人身保险合规建议

结合当前人身险产品以及保险销售、理赔过程中存在的主要违法违规问题,从业务合规风险识别及预防角度,保险机构应重点满足如下方面的合规要求。

一、保险条款需合规,满足保险条款通俗易懂等基本要求

保险公司制作的格式化保险条款的表述应满足规范、合理、通俗易懂的基本要求,应确保保险条款中关于保险金、诉讼时效、投保人、被保险人、受益人、保单现金价值退还等约定,符合保险业相关法律法规和司法实践的要求;对涉及“等待期”“保障责任/责任免除”等条款的保险合同,保险公司应在保险条款中明确约定客观判定标准,避免因保险条款约定不明或缺乏客观的判定条件而引发投诉、诉讼,甚至承担本不应承保的保险赔偿责任;严格梳理保险条款,确保保险条款符合保护保险消费者权益的要求,防范保险条款中出现涉嫌侵害消费者利益的约定,如监管中较见的在医疗保险产品条款中约定的“保险期间/保证续保期间届满时,公司如未收到不续保申请,则视同续保”等监管列入负面清单中的条款;特别要注意,保险产品的预计实现的功能及性质应与保险条款中责任设计保持一致,保险保障始终是保险行业的基础,不能挂保险产品的名行投资理财之实,本末倒置,偏离主业。

二、产品销售需合规,保障客户权益的同时留痕保留证据

保险专业性很强,即使保险条款设计做到了合规,也仍然不能将保险消费者与保险业务经营者实质上视为能力上完全平等的民事主体。正是基于这些事实,法律法规和监管机关对保险业务经营者保险产品的销售环节提出了一系列合规要求。保险机构,包括保险公司、保险代理人、保险经纪人等需要按照法律法规和金融监管总局等保险监管机构的要求优化产品宣传、推介环节的管理,加强对销售业务员、代理人的合规培训和管理,避免发生误导消费者或损害消费者权益事件。例如,保险机构及相关从业人员应按照可回溯管理的合规要求,保存完整记录和录音录像证据,形成全流程可回溯的证据链,防范出现举证不能造成保险公司承担不必要的保险赔偿责任的情况;在产品推介过程中,保险机构及相关从业人员在面向保险消费者

提供的阅读指引及介绍，必须确保与保险实际条款约定保持一致，不能存在夸大产品功能、不实的宣传，防范因不实的宣传或推介损害保险消费者权益或使保险公司被迫承保不能承保的风险；保险机构及相关从业人员需要及时核对和确认保险客户的重要信息，如接收保单的电子邮箱、电话等，确保接收的消费者重要信息真实可信，防范信息不准确而导致解除合同通知等法律文件不能及时送达，导致保险公司无法依法有效行使法定合同解除权等情形；在保险销售、签单过程中，保险机构及相关从业人员对免责条款及涉及投保人重大利益的条款，必须以通俗易懂的语言进行提示并加以明确说明，并且留痕，一旦发生争议要能够以可视化的证据证明保险公司履行义务的过程。

人身保险业务合规管理不仅贯穿于保险条款制定、保险产品销售、保险核赔及保险期间的合同管理和保险理赔的全过程，也是对保险机构和相关从业人员的全员管理。保险业务合规管理也不仅仅是保险机构内部治理和资金安全、反洗钱监管等内控制度的问题，而是直接涉及保险客户，特别是保险消费者的权益保护。保险机构进行人身保险业务合规管理，通过健全企业内部治理机制和内控制度，强化对相关从业人员的培训和管理，是保险机构通过将外部合规监管压力导入企业内部业务全流程，实现全流程、全机构、全员合规管理的有效手段，最终形成保险机构依法合规经营保险业务实现风险管理的社会功能。同时，如此也能满足保险消费者的合理消费需求。保险机构应重视机构内部法律及合规体系机制建设和完善，培育企业和员工的合规文化，让业务合规为人身保险业务稳健发展保驾护航，在具体操作层面也应做到主动追踪重大人身保险合规和危机事件，主动接受保险监管机构的监管，将保险监管机构的监管当成业务助手，避免业务合规问题带来的不必要损失，同时也要强化有效沟通，汇聚资源合力进行业务合规管理，识别合规风险，不断改进合规措施，加强员工培训，让员工自主自愿合规经营，通过为社会提供价值获取自身的劳动价值。

CHAPTER 03

第三章

财产保险合规

财产保险是指投保人根据合同约定，向保险人交纳保险费，保险人对于投保的财产及其有关利益因保险事故造成的损失承担赔偿责任。

一般认为财产保险源于意大利，中世纪时期形成的海上保险条款是财产保险的原型，航海技术的发展带动海上保险在西欧国家迅速发展，在中世纪的交易和海事法规中已经包含了保险性质的条款。

不同于人身保险是以人的身体或生命为保险标的保险，财产保险是以有形财产、经济收益和赔偿责任等为保险标的的保险。而且，保险标的的价值必须是能够用货币衡量的，无法用货币衡量的损失因为无法补偿，一般不能作为财产保险损失赔偿的损失对象。现代社会日常生活中车辆和房屋是企业和家庭最重要的财产，相应地，比较常见的财产保险险种也是车辆保险和房屋保险。车辆保险是为汽车、摩托车等交通工具提供财产保障的保险，若发生车祸、损毁或盗窃等保险事故，保险公司将为维修费用、购买新车的费用以及对第三方的赔偿责任提供赔偿或补偿；房屋保险是为房屋及其附属设施（如门窗、固定家具等）提供保险保护的险种。总体来说，财产保险包括财产损失保险、责任保险、信用保险、保证保险等。财产损失保险是为个人和组织机构的自身所有或保管的财产提供保险保护,包括仓库、设备、库存等,如果财产因发生火灾、爆炸、水灾或其他意外事件而发生损失,保险公司将支付赔偿以填平被保险人意外事故导致的损失;责任保险则是为个人和非个人组织机构过错给第三方造成损失的赔偿责任提供保险保护,以应对因被保险人的不慎行为或法定责任而依法需要对他人财产损失或人身伤害的赔偿责任,例如,职业责任保险、第三者责任保险、雇主责任保险等;信用保险是指债权人向保险人投保其债务人信用风险的保险;保证保险则是债务人向保险人投保自身信用风险的保险,在该保险合同中,投保人是债务人,被保险人是债权人。不同于人身保险业务被保险人是自然人,财产保险的被保险人包括自然人和企业、政府、事业单位等非自然人,在这个意义上,财产保险业务基于为企业在运营过程中面临的多种风险提供保险保障的业务特点,在保障经济平稳发展,减少意外事件导致社会经济波动等价值方面,相对于人身保险业务其作用更为显著。

相对于人身保险,财产保险更强调损失填平原则,遵循没有损失就没有损失赔偿的基本逻辑。出险时,被保险人必须对保险标的具有保险利益,必须具有法律上认可的可用货币计量的损失,而且保险法上还通过损失补偿、比例分摊、代位追偿以及重复投保、超额投保等制度设计保证被保险人通过保险机制最多仅能填平其损失,不能通过保险赔偿取得超过其损失的利益,防止保险欺诈和道德风险。这是保险与赌博的根本区别。赌博是利用风险的不确定性获利,一方获利以其他方损失为条件,获利的一方不是损失的一方;保险是处置风险不确定性,将不确定的风险转化为确定保险费支出的商业行为,任何一方不会因为保险赔偿而获利,取得保险赔偿要以实际损失为前提,不能发生没有损失的保险赔偿。在保险期限上,财产保险多以一年及一年以下的短期保险为主,与以一年以上的长期保险为主的人寿保险具有的储蓄性特征不同,传统的财产保险业务相比于人身保险业务更具有保险保障性以及更少的金融属性。但随着信用保险和保证保险的发展,财产保险业务也存在部分的融资性功能或为融资服务的功能。近年来财产保险业务上的创新品种,如自保公司、损失敏感性条款以及多风险产品、应急资本等创新保险产品具有部分的融资属性,在财产保险业务合规方面上,融资性信保业务和非传统保险产品的出现使财产保险合规管理更具有挑战性。

财产保险承继长久以来人类社会经济互助、共同面临风险的做法,用个体分别交纳保险费汇聚灾难损失补偿基金的方法,利用大数法则将个体在一定时期一定地域下不确定的风险转化为团体在一定时期一定地域下相对确定的危险,从而达到用确定的成本支出保障生产和生活不会因灾难而大起大落的作用。随着经济社会的发展,我国的财产保险种类日益丰富,市场不断开拓,但在现实中仍存在的问题是部分保险公司内控制度不健全以及保险业监管相对落后于业务发展,不能适应财产保险业的快速发展。因此,推进财产保险业体制改革,加强合规与内控管理,防范和化解风险,确保公司稳健经营是目前业内应当重点关注的问题。

第一节　财产保险合规概述

强化财产保险行业合规管理建设,督促财产保险公司建立健全合规管理机制,堵塞合规风险漏洞,补足合规监管短板,充分保护消费者权益,是保险监管机构一直以来的监管方向。保险监管机构从保险产品,到业务流程均制定了全流程且详尽的管理办法和指引等监管文件,尤其是针对新型险种和新型销售模式。原保监会 2016 年 12 月 30 日发布《财产保险公司保险产品开发指引》,从保险产品条款要求和制定流程等制度出发,提出了财产保险产品的规范化要求,并将规范化提升为财产保险开发的基本原则。2020 年 2 月 19 日,原银保监会发布《关于进一步加强和改进财产保险公司产品监管有关问题的通知》,提出了进一步改进产品监管机制的要求,对规范产品报备及备案流程,强化保险行业协会的自我监督进行了明确的规定。

2021 年 8 月 16 日,原银保监会发布《财产保险公司保险条款和保险费率管理办法》,细化了财产保险条款和费率的制定规则。2021 年 9 月,原银保监会正式发布《关于推动财产保险专业化、精细化、集约化发展的指导意见》，对财产保险行业的发展提出了具体要求，提出用专业化满足不同消费需求，用精细化完善结构整改，用集约化规范运营管理手段，确保财产保险通过差异化、精细化的发展道路实现高质量稳定发展的保险监管理念。2021年12月30日，原银保监会发布《保险公司偿付能力监管规则(Ⅱ)》，加强了对保险机构偿付能力的监管，对保险行业容易出现的高市场风险作出了明确规定。2022年10月12日，原银保监会财险部下发《关于进一步加强和改进合规管理工作的通知》，提出了严格健全合规相关管理制度和公司组织架构，完善合规制度流程，加强财务会计管理，强化对风险领域重点监控的要求。

从2020年起，保险监管机构从财产损失保险、责任保险、信用保险和保证保险等分类展开，针对不同类型保险明确提出了具体经营范围和公司管理等要求。2020年5月8日，原银保监会发布了《信用保险和保证保险业务监管办法》，针对保险机构经营信保业务制定了详细的准入要求和监管要求，包括不得承保的范围和禁止经营的范围，并对保险公司内部开展信保业务的管控提出了具体要求。2020年9月21日，原银保监会发布《融资性信保业务保前管理操作指引》和《融资性信保业务保后管理操作指引》，重点指引保险公司对融资性信保业务建立配套的保前经营风险管理和保后监控管理措施。2020年12月22日，原银保监会发布了《责任保险业务监管办法》，提出开展责任保险业务的保险公司需要按照规定进一步审查承保范围和经营范围，厘清责任保险的条款规定和业务流程，确保责任保险能在合理范围内承担其应有的保障作用的要求。2019年10月31日，原银保监会发布《健康保险管理办法(2019)》，对2006年的发布的版本进行了修订，完善了健康保险的监管要求，对短期健康保险产品的条款、续保责任、产品价格、综合赔付率指标、费率等数据、销售行为、承保核赔、停止销售等内容制定了详细的规定。原银保监会财产险部并针对财产保险公司开展短期健康保险业务发布了监管提醒的通知，对部分保险公司与医疗类公司开展的合作中开发出的一些医疗保险合规性作出了提示，要求财产保险公司根据通知内容严格核查短期健康险业务是否合法合规。① 2021 年 10 月 20 日，原银保监会发布《中国银保监会办公厅关于规范短期健康保险业务有关问题的通知》，向保险公司、保险行业协会提出了短期健康保险产品制定的合规要点，为财产保险机构合规管理提供了明确的指引。

财产保险公司在开展农业保险业务时，也需要参考遵守原银保监会发布的监管意见和规定。2020 年 6 月 1 日原银保监会发布《关于进一步明确农业保险业务经营条件的通知》，对商业性农业保险业务的开展设置了准入条件并设置了违法违规开展农业保险业务的责任体系。保险监管机构对承保理赔等环节的监管和内控还发布了《农业保险承保理赔管理办法》，遵循合法合规、绿色创新、诚实守信、高效有效的原则，明确农业保险承保理赔环节的各方权利义务。

第二节　财产保险机构主体合规

一、机构合规

财产保险业务同人身保险业务一样，都是审批制的保险业务，任何人、任何组织未经批准不能经营财产保险业务，人身保险公司不得兼营财产保险业务，并且应在保险监管机构批准的地域从事批准的财产保险业务，这部分内容在人身保险业务合规章节中已经论述，本章不再重复。本章主要针对财产保险业务中信保业务、责任保险业务、短期健康保险业务和农业保险业务等具有特殊机构合规要求的部分展开论述。

1. 信保业务

信保业务是以是否履约作为风险点承担信用保证责任的保险业务。实

① 参见原银保监会财险部发布的《关于部分财险公司短期健康保险业务中存在问题及相关风险的通报》（财险部函〔2022〕221 号）。

务中具有较高的风险,而融资性信保业务,则是为融资合同的履约提供信用保证保险,风险性更高。因此,保险监管机构对开展信保业务的财产保险公司提出了更具体地机构合规要求,包括但不限于偿付能力、专门的管理部门和组织架构、能实现实时审核检测的业务操作系统、业务管理制度等①。能够开展信保业务的财产保险公司需要具备保险监管机构规定的偿付能力,确保合同风险和公司资金能力相匹配,且需建立二者匹配系数的管理制度并对信保业务的资金使用进行约束。开展信保业务的保险机构必须具备较强的资本实力和健全的财务状况,确保其能够承担信用保险业务的风险。财产保险机构开展信保业务,应有严格的风险管理制度和业务监控系统,能够有效地识别、评估和管理信用风险。对于跨境信用保险业务,保险机构则需要满足国际接轨的要求,包括符合国际信用保险协会(ICISA)的标准和规范。

2. 责任保险

责任保险在民生领域具有重要的改善民生的积极作用,责任保险的开展需要保险公司具有科学掌握风险的把控能力,严格遵守保险产品开发原理,在创新保险产品的同时提升保障水平。财产保险机构应当具备一定的经验和专业能力,具有相关的责任保险业务经验,并具备相应的人员和技术支持。保险机构需要具备相关的责任保险业务专业能力,包括风险管理、理赔处理、业务营销等方面的能力。责任保险涵盖很多不同的领域,如人身伤亡责任、产品责任、专业责任等,保险机构需要在具体领域有相应的专业知识和经验。保险机构还需要具备准确评估责任风险,并对保费进行合理定价的能力。

---

① 参见《信用保险和保证保险业务监管办法》第4条:"保险公司经营融资性信保业务的,应当符合以下要求:(一)最近两个季度末核心偿付能力充足率不低于75%,且综合偿付能力充足率不低于150%。(二)总公司成立专门负责信保业务的管理部门,并建立完善的组织架构和专业的人才队伍。(三)建立覆盖保前风险审核、保后监测管理的业务操作系统;具备对履约义务人独立审核的风险管控系统,且需接入中国人民银行征信系统。通过互联网承保个人融资性信保业务,由总公司集中核保、集中管控,且与具有合法放贷资质的金融机构的业务系统进行数据对接。(四)具有健全的融资性信保业务管理制度和操作规程。(五)银保监会规定的其他要求。"

3. 短期健康保险

短期健康保险是财产保险公司未来业务发展的必争领域,特别是我国财产保险业务中原有车辆保险的增长达到峰值后,强化短期健康保险业务发展成为保险机构发展的重要方向。但基于财产保险公司开展短期健康保险的特殊性,财产保险公司开展短期健康保险业务,需要符合保险监管机构的相关规定并需要保险监管机构专门的批准①。由于短期健康保险属于一种特殊的财产保险公司经营的保险产品,财产保险机构在开展此类业务前通常需要具备一定的健康保险从业经验,并能证明其在健康保险方面具备相关的专业能力。

4. 农业保险

为确保农业保险领域落实供给侧结构性改革的政策方针,国家对保险机构开展农业保险业务提出了一系列的条件要求。经营农业保险业务的机构合规对保险公司的总公司和省级分公司有不同标准②,例如,总公司应该具备符合法律法规相关要求的保险公司资质、偿付能力和管理体系,农业保险管理部门需要配备专业人士确保保险公司对农业保险风险的把控,同时需要完善农业保险的信息管理系统并实时更新平台数据;针对省级分公司,除了需要满足前述要求,还需要取得总公司的批准,在县级区域内开设分支机构还需要建立具有匹配功能的基层服务体系。国家层面,农业保险业务开展应顺应形势需求优化业务布局,强调在农业发展尚不完善的地区、西部地区、较贫困地区加大政策优惠力度,完善农村基层服务体系。

二、业务范围

财产保险业务以财产和与财产相关的利益为保险标的,主要包括财产

---

① 参见《健康保险管理办法(2019)》第8条:"依法成立的健康保险公司、人寿保险公司、养老保险公司,经银保监会批准,可以经营健康保险业务。前款规定以外的保险公司,经银保监会批准,可以经营短期健康保险业务。"

② 参见《关于进一步明确农业保险业务经营条件的通知》第4条、第5条。

损失保险、责任保险、信用保险、保证保险以及经保险监管机构批准的其他财产保险业务。财产损失保险以有形的财产及相关利益为保险标的,责任保险以被保险人依法对第三方应负的赔偿责任为保险标的,信用保险和保证保险则以履约信用风险为保险标的。除了上述传统的财产保险业务之外,近年来出现了一些根据客户具体需求而设计的多年度、多险种的具有一定融资功能的综合性财产保险品种。

1. 财产损失保险

财产损失保险主要是以有形财产及相关利益为保险标的损失补偿型的财产保险,包括承保静止性有形财产的保险险种,如企业财产保险、家庭财产保险和火灾保险、盗抢保险等损失赔偿保险业务;承保运动中有形财产的保险风险,如机动车辆保险、船舶保险、飞机保险、海上运输保险、陆上运输保险等损失赔偿保险业务;承保增值中的财产的保险风险,如建筑安装工程保险、农业保险等损失赔偿保险业务。

2. 信保业务保险

信保业务保险包括信用保险和保证保险,是以履约信用风险为保险标的的保险业务。信用保险与保证保险的不同之处在于,信用保险的投保人、被保险人为承保的履约信用风险的债权人,投保人向保险人投保的是别人的信用风险;而保证保险的投保人为信用风险的履约义务人,履约信用风险的债权人为被保险人,投保人向保险人投保的是自己的信用风险。根据履约信用风险底层基础合同的不同,信保业务保险可以进一步区分为融资性信保业务和非融资性信保业务,保险人为借贷、融资租赁等具有融资功能的交易提供信用保险或保证保险保障的为融资性的信保业务,其他业务为非融资性的信保业务。为确保信保业务的公平性和可行性,在保险基本原理下,保险公司暂时不能承保非公开发行的债券业务、履约义务人变更的债权转让业务、非银行发起的资产证券化业务、金融衍生品业务、保险公司关联方有资金参与的业务等与保险保障功能不完全匹配的复杂业务。但随着我国金融市场发展,保险监管能力的提升,金融产品创新将更普遍,信保业务可能会成为我国保险业创新发展的主要领域,相信会有更多的具有金融功能的财产保险产品投入市场。

3. 责任保险业务

责任保险的业务范围涉及企业和个人在社会生活中可能面临的各种责任风险,提供相应的保障和赔偿服务,保险产品种类主要包括公众责任保险、产品责任保险、雇主责任保险和职业责任保险等。

4. 短期健康保险业务

健康保险从保险标的上分类属于人身保险业务。不同于我国将保险业务分为人身保险业务和财产保险业务,国际上更多的是将保险业务分类为寿险业务和非寿险业务。健康保险业务是以人的身体和生命为保险标的的保险,但不同于寿险,与寿险经营在保险属性上有很大的差别。在保险保障属性上,健康保险更类似于坚持保险损失填平原则的财产保险业务。正因健康保险与寿险公司和财产保险公司都有区别也都有相似性,经批准的财产保险公司也可以经营短期健康险业务。除了短期健康保险产品,财产保险公司还与健康管理公司、医院、药企等机构合作提供多样化的健康服务产品。健康险业务也是财产保险公司未来业务发展的重点方面之一。财产保险业务的范围和分类见表3-1。

表3-1 财产保险业务范围和分类

财产保险种类		保险标的
财产损失保险	交通运输工具保险	机动车辆、船舶、飞机等
	火灾等意外事故保险	企业财产、家庭财产等
	货物运输保险合同	水路、铁路、航空、公路等运输中的货物
	工程保险	建筑工程、安装工程
	农业保险	种植物、养殖物
责任保险	产品责任保险	被保险人对第三者依法应负赔偿责任
	公众责任保险	
	雇主责任保险	
	职业责任保险	

续表

<table>
<tr><th colspan="3">财产保险种类</th><th>保险标的</th></tr>
<tr><td rowspan="5">信用(保证)保险</td><td rowspan="2">信用保险</td><td>出口信用保险</td><td rowspan="2">债权</td></tr>
<tr><td>国内信用保险</td></tr>
<tr><td rowspan="3">保证保险</td><td>合同保证保险</td><td rowspan="3">信用等</td></tr>
<tr><td>产品保证保险</td></tr>
<tr><td>忠诚保证保险</td></tr>
<tr><td rowspan="4">短期健康保险</td><td colspan="2">疾病保险</td><td rowspan="4">人的身体或生命</td></tr>
<tr><td colspan="2">医疗保险</td></tr>
<tr><td colspan="2">护理保险</td></tr>
<tr><td colspan="2">失能收入保险</td></tr>
</table>

第三节　财产保险业务合规[①]

在财产保险业务方面，应当重点关注的合规问题可以梳理为以下几个方面。

一、产品设计

财产保险条款的设计应当具体明确，避免产生歧义或漏洞，同时应符合《保险法》等法律法规和监管规定的要求。保险条款公平合理，符合保险原理，不损害社会公共利益，不得侵害投保人、被保险人和受益人的合法权益，保护消费者权益，命名符合规定，要素完备、文字准确、语言通俗、表述严谨。

财产保险公司开发财产保险产品应当坚持以下原则[②]：(1)保险利益原则：保险合同的被保险人应当对保险标的享有法律上认可的利益，保险事故

① 这一部分的内容中，部分规定也可适用于人身保险业务合规，应当说是保险业务合规的一般规定。

② 参见《财产保险公司保险产品开发指引》(保监会发〔2016〕115号)第6条。

发生时被保险人应当对保险标的享有保险利益;(2)损失补偿原则:财产保险产品是为了提供风险保障并弥补产生的损失的保险业务,被保险人只能就实际的财产损失获得损失填平式的赔偿,不能因此获得额外利益或不当利益,不能因为保险而获利;(3)诚实信用原则:保险合同各方都应遵守诚实信用原则,确保投保信息和保险条款的真实性和正当性,不得损害对方的合法权益;(4)射幸合同原则:保险产品的制定需要遵循保险事故的发生具有不确定性的基本原则,承保风险和损失大小必须是无法在订立合同时有确定后果的;(5)风险定价原则:保险产品的保费和费率计算需要考虑保险责任大小和风险水平,使保险费用和理赔风险能够相匹配。

保险公司不得开发下列保险产品①:(1)保险标的不具有合法性:若保险产品的保险标的不具有相关法律法规及监管文件中规定的保险合法利益,则该保险产品不能够被开发投入市场;(2)被保险人没有实际损失:保险产品所约定的保险事故发生时如果并不会最终造成被保险人实际损失的,根据没有损失就没有保险赔偿的原则,不能成为财产保险产品;(3)风险事先确定:若保险公司承保时保险产品的理赔风险已经事先确定,不具有风险的不确定性,损失在承保时确定不会实际发生或确定会发生的;(4)投机产品:保险公司承保时既有损失可能又有获利机会的投机风险,保险不能成为赌博;(5)无意义的保险产品:保险产品的条款内容无实质意义或者空有炒作概念的噱头性产品,或者没有实际保障内容,单纯以降价(费)、涨价(费)为目的的保险产品;(6)零保费未出险返还保险或返还其他不当利益的保险产品;(7)其他违法违规、违反保险原理和社会公序良俗的保险产品。

财产保险公司在设计和审核保险产品条款时往往会出现以下的合规问题,应引以为戒。

1. 条款违反保险合同原则:部分财产保险产品违反保险原理或违背公序良俗,被保险人对保险标的不具有保险利益②。

---

① 参见《财产保险公司保险产品开发指引》(保监会发〔2016〕115 号)第 7 条。

② 参见《保险法》第 12 条:"财产保险的被保险人在保险事故发生时,对保险标的应当具有保险利益。财产保险是以财产及其有关利益为保险标的折保险。被保险人是指其财产或者人身受保健险合同保障,享有保险金请求权的人。保险利益是指投保人或者被保险人对保险标的具有的法律上承认的利益。"

2. 条款名称命名不规范、错误[①]:保险条款和保险产品名称应清晰准确,客观反映保险责任,不得使用易引起歧义的词语,不得曲解保险责任,更不能误导消费者。

3. 条款设计不合法、不严谨、不合理:对条款中不存在的名词进行释义(短期健康险条款出现两年不抗辩条款或争议处理与法律规定不符或诉讼时效起算与法律规定不符);保险标的、投保人、被保险人的界定不规范(信保产品的投保人、被保险人定义范围不明确);险种归属不当(责任险承保履约信用);保险责任不规范,表述不清晰、不明确(保险责任与责任免除、赔偿处理等前后矛盾)(医疗保险产品和疾病保险产品包含生存给付责任);免除或减轻保险人责任部分不作明显标示(责任免除条款、免赔率、比例赔付给付等免除或者减轻保险人责任的条款,未使用足以引起投保人注意的文字、字体、符号或者其他明显标志作出提示)[②]。

---

① 《关于规范财产保险公司保险产品开发销售有关问题的紧急通知》(保监产险〔2014〕88 号)第 3 条:"保险公司开发的保险产品应当尊重社会公德,保险产品的命名应当清晰明了,且与保险责任紧密关联,不得以博取消费者眼球为目的,进行恶意炒作。"《财产保险公司保险产品开发指引》第 9 条:"保险条款和保险产品名称应当清晰明了,能客观反映保险责任的主要内容,名称不得使用易引起歧义的词汇,不得曲解保险责任,不得误导消费者。"第 10 条:"主险保险条款和保险费率名称应当符合以下格式:保险公司名称 +(地方性产品地域名称)+ 主要保险责任描述(险种)+ 版本,附加险保险条款和保险费率名称应当符合以下格式:(保险公司名称)+(主险名称)+ 附加 +(地方性产品地域名称)+ 主要保险责任描述(险种)+ 版本。保险责任描述由公司自定,应当涵盖条款的主要保险责任。保险责任可明确归类为某险种,可使用险种名称。"

② 《保险法》第 17 条:"订立保险合同,采用保险人提供的格式条款的,保险人向投保人提供的投保单应当附格式条款,保险人应当向投保人说明合同的内容。对保险合同中免除保险人责任的条款,保险人在订立合同时应当在投保单、保险单或者其他保险凭证上作出足以引起投保人注意的提示,并对该条款的内容以书面或者口头形式向投保人作出明确说明;未作提示或者明确说明的,该条款不产生效力。"《保险法司法解释二》第 9 条:"保险人提供的格式合同文本中的责任免除条款、免赔额、免赔率、比例赔付或者给付等免除或者减轻保险人责任的条款,可以认定为保险法第十七条第二款规定的'免除保险人责任的条款'。保险人因投保人、被保险人违反法定或者约定义务,享有解释合同权利的条款,不属于保险法第 17 条第 2 款规定的'免除保险人责任的条款'。"第 11 条:"保险合同订立时,保险人在投保单或者其他保险凭证上,对保险合同中免除保险人责任的条款,以足以引起投保人注意的文字、字体、符号或者其他明显标志作出提示的,人民法院应当认定其履行了保险法第十七条第二款规定的提示义务。保险人对保险合同中有关免除保险人责任的概念、内容及其法律后果以书面或者口头形式向投保人作出常人能够理解的解释说明的,人民法院应当认定保险人履行了保险法第 17 条第 2 款规定的明确说明义务。"

4. 保险条款解除合同约定不严谨、不规范;故意制造保险事故情形下违规退还保险费;退保条款不规范(条款存在缺少退保处理规定或退保规定不合理)①。

5. 引用标准不规范:财产保险产品关于理赔或拒赔标准引用已废止的旧标准,或者对引用的标准未进行符合保险产品性质的规范。

6. 短期健康保险问题:投保时或保险公司承保时未区分被保险人是否有社会医疗保险,在短期健康保险中代替引入了长期健康保险概念;在医疗保险中,对理赔时审核医疗处方的标准约定不合理②。

7. 其他条款问题:保险金额、保险价值约定不规范(保险价值仅约定为实际价值,未明确按何时的价值确定③);理赔材料要求不合理;残值处理约定不明确④;保险条款存在不利于消费者权益的表述;用附加险条款对主险条款进行修订;保险费率调整条件不清晰、不明确。

8. 非保险术语:保险条款中的非保险术语应该符合保险专业意义,如保险条款术语不符合保险专业意义,但有利于投保人、被保险人或者受益人的,则在事后条款解释中应作不利于保险人解释⑤。

---

① 《保险法》第 54 条:"保险责任开始前,投保人要求解除合同的,应当按照合同约定向保险人支付手续费,保险人应当退还保险费。保险责任开始后,投保人要求解除合同的,保险人应当将已收取的保险费,按照合同约定扣除自保险责任开始之日起至合同解除之日止应收的部分后,退还给投保人。"第 15 条:"除本法另有规定或者保险合同另有约定外,保险合同成立后,投保人可以解除合同,保险人不得解除合同。"第 50 条:"货物运输保险合同和运输工具航程保险合同,保险责任开始后,合同当事人不得解除合同。"

② 《健康保险管理办法(2019)》(银保监会令〔2019〕第 3 号)第 58 条:"保险公司经营医疗保险,应当按照有关政策文件规定,监督被保险人医疗行为的真实性和合法性,加强医疗费用支出合理性和必要性管理。"

③ 《保险法》第 55 条:"投保人和保险人约定保险标的的保险价值并在合同中载明,保险标的发生损失时,以约定的保险价值为赔偿计算标准。投保人和保险人未约定保险标的的保险价值的,保险标的发生损失时,以保险事故发生时保险标的的实际价值为赔偿计算标准。"

④ 《保险法》第 59 条:"保险事故发生后,保险人已支付了全部保险金额,并且保险金额等于保险价值的,受损保险标的的全部权利归于保险人;保险金额低于保险价值的,保险人按照保险金额与保险价值的比例取得受损保险标的的部分权利。"

⑤ 《保险法司法解释二》第 17 条:"保险人在其提供的保险合同格式条款中对非保险术语所作的解释符合专业意义,或者虽不符合专业意义,但有利于投保人、被保险人或者受益人的,人民法院应予认可。"

二、保险销售

1. 宣传说明：财产保险的宣传也可以召开宣传说明会[①]，说明会的合规管理在人身保险业务合规部分已进行论述。在进行保险宣传时，还需要保障投保人、被保险人的知情权和自主权[②]，对投保人需要履行说明义务[③]。

2. 可回溯管理[④⑤]：保险公司、保险中介机构通过录音录像等技术手段采集视听资料、电子数据的方式，记录和保存保险销售过程关键环节，实现销售行为可回放、重要信息可查询、问题责任可确认。投保人为自然人的保险产品时，必须实施保险销售行为可回溯管理，团队保险产品除外。电话销售业务，应将电话通话过程全程录音并备份存档，不得规避电话销售系统向投保人销售保险产品。互联网保险销售与传统模式不同，其销售合规管理应遵循专项规定。

三、保险承保

保险公司承保时需要确定具体的投保人，保险合同的签订也需要明确

---

① 《农业保险承保理赔管理办法》第 6 条："可以组织投保人、被保险人召开宣传说明会，现场发放投保险种条款，重点讲解保险责任、责任免除、赔款处理等内容。"

② 《农业保险承保理赔管理办法》第 8 条："保险机构和组织投保的单位应当保障投保人、被保险人的知情权和自主权，不得欺骗、误导投保，不得以不正当手段强迫投保或限制投保。保险机构及其工作人员不得向投保人、被保险人给予或承诺给予保险合同约定以外的保费回扣、赔付返还或者其他利益。"

③ 《农业保险承保理赔管理办法》第 7 条："保险机构应当严格履行说明义务，在投保单、保险单上作出足以引起投保人注意的提示，并向投保人重点说明险种的保险责任、责任免除、合同双方权利义务、特别约定、理赔标准和方式等内容。"

④ 《信用保险和保证保险业务监管暂行办法》第 14 条："保险公司应当制定信保业务的承保标准和操作规范。融资性信保业务应当建立承保可回溯管理机制，并按照《中华人民共和国保险法》要求保存相关资料；通过互联网承保的融资性信保业务，应当对投保人身份信息真实性进行验证，完整记录和保存互联网保险销售行为信息，确保记录全面、不可篡改。"

⑤ 参见《保险销售行为可回溯管理暂行办法》（保监发〔2017〕54 号）。

当事各方的有效意思表示,但投保人可以不是必须是单一的自然人或法人,也可以用团体名义进行共同投保,例如,农业保险的投保人能以村集体为单位经组织后进行投保①。

财产保险产品对不得承保的范围也与人身保险规定有所差异②③:从事信用保险和保证保险业务的财险公司不得承保某些债券业务、具体履约义务人发生变化的债权转让信用保证业务、不是由银行发起的资产证券化业务、金融衍生的非保险产品业务、保险公司关联方有资金来往的财产保险业务等,也不得经营保险监管机构禁止的经营行为;从事责任保险业务的财险公司不得承保被保险人故意造成的赔偿责任、因刑事或行政责任产生的罚金罚款、履行约定或合同义务责任、投机风险等其他风险或损失,也不得经营保险监管机构禁止的业务。

保险核保工作包括核查投保人提交的投保单是否有内容错误或者所附材料是否完整,与投保人达成保费缴费协议,制作最终保险合同并出具保单等。如果不需要投保人补充材料,为确保保险公司业务效率,核保工作需要在保险公司收到投保资料内的一定期限内完成。

1. 准确完整记录投保信息:保险公司在承保后至少应当记录客户信息(投保人、被保险人的姓名或名称,证件号码,联系方式,联系地址等),保险标的信息(保险标的的数量、品种、地块和村组位置),其他信息(险种、保费、费率、自缴保费、保险金额、保险期间)等。保险机构可以采用生物识别等技术手段,对标的进行标识并记录,确保投保信息真实、准确、完整。④ 真实、准确、完整记录投保信息,严禁虚假记录或编制投保信息。相关承保业务单证(包括分户投保清单)应当由投保人、被保险人签名或盖章确认。不得篡改承保信息。在对相关信息如实记录的基础上,财产保险公司应当保证保险

① 《农业保险承保理赔管理办法》第 5 条:“农业保险可以由农民、农业生产经营组织自行投保,也可以由农业生产经营组织、村民委员会等单位组织农民投保。”

② 参见《信用保险和保证保险业务监管暂行办法》第 6 条、第 7 条。

③ 参见《责任保险业务监管办法》第 6 条、第 7 条。

④ 参见《农业保险承保理赔管理办法》第 9 条、第 10 条。

交易的真实性[1],对财产类保险的保险标的和相关交易需要展开详尽调查,防止跟踪调查不力导致产生较大理赔风险的结果,因此风险审核监控的核心业务流程应当由保险公司亲自把控。

2. 如实告知:保险人在合同订立时已经知道投保人未如实告知的情况,保险人不得解除合同;发生保险事故的,保险人应当赔偿或者给付保险金的责任。保险合同订立时,投保人明知的与保险标的或者被保险人有关的情况,属于《保险法》第 16 条第 1 款规定的投保人应当如实告知的内容。[2] 投保人告知义务限于保险人询问的范围和内容,当事人对询问的范围及内容有争议的,保险人负举证责任。保险人以投保人违反了对投保单询问表中所列概括性条款的如实告知义务为由请求解除合同的,人民法院不予支持,但该概括性条款有具体内容的除外。保险人在保险合同成立后知道投保人未履行如实告知义务,仍然收取保险费,又依照保险法第 16 条第 2 款的规定主张解除合同的,人民法院不予支持。保险人未行使合同解除权的,直接以存在《保险法》第 16 条第 4 款、第 5 款规定的情形为由拒绝赔偿的,人民法院不予支持。但当事人就拒赔事宜及保险合同存续另行达成一致的情况除外。

3. 查验保险标的:保险机构应当对保险标的真实性、准确性、权属和风险等情况进行查验,并妥善保存相关证明资料。对保险标的不具有保险利益的个人或单位,保险机构不得将其确定为被保险人。[3]

4. 核保:保险公司内的核保部门应当把握促进交易和风险评估的平衡,不仅需要确保收取的保费和承保风险相匹配,还需要控制保险公司的承保能力,促进保险公司业务以健康合规的方式稳定发展。为确保风险可控,核保业务人员在实务操作中需要进行有效控制,具体体现在一是赔偿限额(每次累积赔偿限额、主险赔偿限额、附加险赔偿限额、责任范围);二是控制费率和免赔(额)率,制定核保底线;三是付款期限约定。

---

① 参见《信用保险和保证保险业务监管办法》第 15 条。

② 参见《保险法》第 16 条,《保险法司法解释二》第 5 条、第 6 条、第 7 条、第 8 条。

③ 参见《农业保险承保理赔管理办法》第 11 条、第 12 条、第 13 条。

5. 出具保险单:保险公司确认承保后,保险人应当及时向投保人签发保险单或保险凭证[①],相关凭证原则上应当以书面形式送达,但是随着签约方式的更新,当事人也可以约定由其他形式发放保险单或保险凭证。保险合同记载内容不一致,则需按照相关法律规定处理。[②]

6. 提供格式条款:保险人向投保人提供的投保单应当附格式条款,保险人应当向投保人说明合同中的格式条款内容。对保险合同中免除保险人责任的条款,保险人在订立合同时应当在投保单、保险单或者其他保险凭证上作出足以引起投保人注意的提示,并对该条款的内容以书面或者口头形式向投保人作出明确说明,未作提示或者明确说明的,该条款不产生效力。[③]

7. 保单批改:保险公司在承保后若需要对保单进行批改时,需要严格遵守法律法规和保险合同的规定,确保批改的合法性和合理性。保险公司首先要与投保人或第三方机构及时确认需要批改的内容和原因,由此确认对保单进行相应批改所产生的影响以及对保险责任和保险费用的影响,评估后保险公司应当及时通知被保险人修改内容并准备相应批改文件,保险公司应当及时审核批改申请并记录相关痕迹,以备后续使用和纠纷处理。

四、保险理赔

发生保险事故后,保险公司应主动、迅速、科学、合理办理理赔相关手续。

---

① 《保险法》第13条:"投保人提出保险要求,经保险人同意承保,保险合同成立。保险人应当及时向投保人签发保险单或者其他保险凭证。保险单或者其他保险凭证应当载明当事人双方约定的合同内容。当事人也可以约定采用其他书面形式载明合同内容。依法成立的保险合同,自成立时生效。投保人和保险人可以对合同的效力约定附条件或者附期限。"

② 《保险法司法解释二》第14条:"保险合同中记载的内容不一致的,按照下列规则认定:(一)投保单与保险单或者其他保险凭证不一致的,以投保单为准。但不一致的情形系经保险人说明并经投保人同意的,以投保人签收的保险单或者其他保险凭证载明的内容为准;(二)非格式条款与格式条款不一致的,以非格式条款为准;(三)保险凭证记载的时间不同的,以形成时间在后的为准;(四)保险凭证存在手写和打印两种方式的,以双方签字、盖章的手写部分的内容为准。"

③ 参见《保险法》第17条。

为保障投保人、被保险人或受益人理赔的合理权益，保险公司应当加强接报案管理①，接受多渠道的报案方式，方便客户通过电话、网络软件等多种途径报案，为提高效率保险公司也可以在报案流程中引入智能化技术，在审核报案的真实性和合法性时也能提高准确性。而投保人、被保险人应当在事故发生后及时通知保险人，但保险人虽然未被通知但已经知道或者应当知道的情况可以豁免投保人、被保险人的通知义务。②

保险公司在查勘保险事故现场时应当真实客观反映标的的损失情况，查勘过程应当完整、规范，在保险事故现场应当详细收集相关证据，查勘过程中获取的被保险人个人信息不得对外泄露。保险公司为了调查保险事故并确定财产损失所支出的勘验费用需要由保险人自行承担。③

对于属于保险责任的案件，保险机构应当及时立案。对产生财产损失的保险案件中，保险公司及时核定损失，情形复杂的，30 日内作出核定，核定期限的认定也应当遵守法律法规④。保险公司针对不符合保险合同约定的保险责任可以拒绝理赔⑤，但拒赔决策的作出需要符合公平公正原则，与客户进行友好协商和充分沟通，作出拒赔通知应当及时并向客户说明理由，尽

① 《农业保险承保理赔管理办法》第 19 条："保险机构应当加强接报案管理，保持报案渠道畅通，24 小时接受报案。接报案应当由总公司或省级分公司集中受理，报案信息应当及时准确录入业务系统。对于省级以下分支机构或经办人员直接收到的报案，应当引导或协助报案人报案。对于未能及时报案的案件，应当在业务系统中记录延迟报案的具体原因和情况说明。"

② 《保险法》第 21 条："投保人、被保险人或者受益人知道保险事故发生后，应当及时通知保险人。故意或者因重大过失未及时通知，致使保险事故的性质、原因、损失程度等难以确定的，保险人对无法确定的部分，不承担赔偿或者给付保险金的责任，但保险人通过其他途径已经及时知道或者应当及时知道保险事故发生的除外。"

③ 《保险法》第 64 条："保险人、被保险人为查明和确定保险事故的性质、原因和保险标的的损失程度所支付的必要的、合理的费用，由保险人承担。"

④ 《保险法司法解释(二)》第 15 条："保险法第二十三条规定的三十日核定期间，应自保险人初次收到索赔请求及投保人、被保险人或者受益人提供的有关证明和资料之日起算。"

⑤ 《保险法》第 24 条："保险人依照本法第二十三条的规定作出核定后，对不属于保险责任的，应当自作出核定之日起三日内向被保险人或者受益人发出拒绝赔偿或者拒绝给付保险金通知书，并说明理由。"

量避免产生纠纷或对保险公司产生负面影响。理赔阶段中,投保人、被保险人或者受益人有义务提供材料,若保险人认为被保险人提交的材料中需要进行补充的,保险人应当一次性告知被保险人。①

保险公司审核理赔申请后认为满足理赔条件的,需要根据保险合同约定和被保险人实际损失计算确认赔偿金额,并按照约定方式及时支付,达成赔偿协议后10日内应支付。保险人未及时履行前款义务的,除支付保险金外,应当赔偿被保险人或者受益人因此受到的损失。若自收到理赔申请和相关材料后60日内仍然不能确定最终赔偿金额的,应当就能够确定部分先予以支付。② 被保险人或受益人享有获得保险赔偿的自由权,保险人履行赔偿或者给付保险金义务不应受到任何人或组织的干预,被保险人或者受益人经合法程序取得保险金的正当权利不能受到任何形式的限制。③

对于保险标的部分发生损失的,保险公司理赔后,投保人和保险人都有权解除保险合同,即可部分解除保险合同。④

保险事故发生后,针对未被损坏或未被全部损坏的保险标的的价值,保险公司可以作出以下处理:若保险标的虽未损坏或被全部损坏但也无残值剩余,则不需要进行残值处理;若保险标的仍有残值,保险公司可以将剩余标的售卖,以回收残值填补部分赔款;或者归还被保险人,被保险人仍可以

---

① 《保险法》第22条:"保险事故发生后,按照保险合同请求保险人赔偿或者给付保险金时,投保人、被保险人或者受益人应当向保险人提供其所能提供的与确认保险事故的性质、原因、损失程度等有关的证明和资料。保险人按照合同的约定,认为有关的证明和资料不完整的,应当及时一次性通知投保人、被保险人或者受益人补充提供。"

② 《保险法》第25条:"保险人自收到赔偿或者给付保险金的请求和有关证明、资料之日起六十日内,对其赔偿或者给付保险金的数额不能确定的,应当根据已有证明和资料可以确定的数额先予支付;保险人最终确定赔偿或者给付保险金的数额后,应当支付相应的差额。"

③ 《保险法》第23条第3款:"任何单位和个人不得非法干预保险人履行赔偿或者给付保险金的义务,也不得限制被保险人或者受益人取得保险金的权利。"

④ 《保险法》第58条:"保险标的发生部分损失的,自保险人赔偿之日起三十日内,投保人可以解除合同;除合同另有约定外,保险人也可以解除合同,但应当提前十五日通知投保人。合同解除的,保险人应当将保险标的未受损失部分的保险费,按照合同约定扣除自保险责任开始之日起至合同解除之日止应收的部分后,退还投保人。"

进行修复或继续使用;抑或将残值转让,以回收部分利益。①

第三者造成保险事故的,保险人享有代位求偿的权利②。实践中,第三人侵权事故发生后,若保险标的受损,被保险人会优先向保险人求偿,而保险人在赔付损失后仍享有代替被保险人行使其对第三人的追偿权利,前提是行使代位求偿权不得损害被保险人的合法利益。保险公司可以直接向第三人提起代位追偿之诉,第三人最终支付的赔偿金额可以由保险公司优先受偿,剩余部分应当归还被保险人。

第四节　财产保险合规案例评析

案例一:保险公司明知存在危险仍予以承保,保险事故发生后拒赔不被支持③

案情简介

江苏某包装有限公司向某保险公司投保财产综合险。根据财产综合险投保单中的记载,案涉保险的投保人、被保险人均为江苏某包装有限公司。投保单关于被保险人及保险标的基本情况部分均是在建筑物结构栏内勾选"钢筋混凝土结构",其他未勾选的选项还包括"钢结构""砖木机构""临时建筑(铁皮房、简易房等)"。投保单中"主要原材料名称及其库存量"以及"产品名称及其库存量"栏内均为空白。保险单约定,保险公司对漏雨、渗雨

① 《保险法》第59条:"保险事故发生后,保险人已支付了全部保险金额,并且保险金额等于保险价值的,受损保险标的的全部权利归于保险人;保险金额低于保险价值的,保险人按照保险金额与保险价值的比例取得受损保险标的的部分权利。"

② 参见《保险法》第60条、第61条、第62条、第63条。

③ 江苏某包装有限公司与某保险有限公司丹阳支公司财产保险合同纠纷案件,江苏省丹阳市人民法院(2019)苏1181民初7751号民事判决书。

造成的被保险人的保险财产损失不予索赔;堆放在露天、罩棚及简易厂房下的保险标的由于保险责任造成的损失保险公司亦不予赔付。投保单投保人声明部分记载:“本单位所填写的投保单已附投保险种所对应的保险条款,且保险人已将投保险种对应的保险条款内容,特别是责任免除、投保人及被保险人义务、赔偿处理以及其他免除保险人责任的条款向本人做了明确说明,本单位已充分理解。上述所填写内容均属实,同意以此投保单作为订立保险合同的依据。”投保人江苏某包装有限公司在投保人签字栏内签章。投保单上保险公司填写栏中记载:上年度被保险人江苏某包装有限公司未在该保险公司处投保,保险公司业务人员唐某在投保单复核栏内签字。

保险期限内,保险标的所在地全市出现暴雨或大暴雨天气。在暴雨或大暴雨天气中被保险人江苏某包装有限公司堆放于厂区内的纸制品受潮、受损,损失严重。事故发生后,投保人、被保险人江苏某包装有限公司与保险公司共同委托上海某保险公估有限公司对暴雨受灾损失进行保险公估,确定了被保险人处纸品受淹受损的基本事实。但保险公估报告同时认为,受损纸品受淹高度在10~20厘米,其他受淹高度在1~4厘米,部分损失在仓储物防水保证条款的特别约定内,保险人对其损失不予赔付,对于卷筒纸下端(被水淹高度在15厘米以下)受损依据此条款不予赔偿。保险公估公司还主张被保险人存放受损卷筒纸的仓库结构符合保单条款中对简易建筑物的描述范畴,这些仓库属于简易建筑,此次事故不属于本保单的责任范围,保险责任不成立。保险公司予以拒赔。

江苏某包装有限公司将该保险公司诉至法院。诉讼中,为查明案情,法院组织当事人双方进行现场查勘,确认:江苏某包装有限公司厂区以区内小路为界,分为北厂区(北边)和南厂区(南边),北厂区主要为仓库区,房屋结构以钢筋混凝土和铁皮房(实际为钢筋混凝土与铁皮房相结合类型的建筑物)为主,南厂区为办公区域、生产区域、物流区域及部分仓库区域,其中南厂区的仓库区域以铁皮房为主;南、北厂区仓库区域的铁皮房结构均为从地面向上一米有余系钢筋混凝土结构墙壁,在钢筋混凝土墙壁向上构建了有承重钢梁的铁皮房结构;厂区内所有成卷的原纸均未进行垫高处理,南厂区部分成品纸箱用木头或塑料架进行了垫高。

本案中，法院归纳的争议焦点为：江苏某包装有限公司向保险公司索赔的保险事故是否属于保险合同约定保险公司应当承担保险赔偿责任的保险事故。被保险人江苏某包装有限公司因暴雨受灾，导致纸品受潮、受损的事实证据基本可以证明。从财产保险业务合规的角度，本案的争议焦点在于保险公司承保时是否按合规流程操作，保险公司是否应对保险公司承保时明知的但不属于保险条款约定的保险责任范围的保险标的的保险事故进行保险赔偿。从保险合同原理上讲，投保是投保人向保险人提出保险要约的行为，投保单是投保人的要约文件，保险人通过向投保人出具保险单完成对投保人投保要约的承诺，保险合同因此成立。但鉴于保险合同签订前，投保人对保险标的如实告知以保险人询问为前提，而且因为保险的专业性比较强，保险承保实务中很多情况下投保单并不是投保人制作的，大多数由保险人制作的格式条款，除少数需要投保人填写和签字的地方外，绝大部分内容是保险人提前格式化印刷好，投保人在保险人制作的格式化投保单上进行勾选。本案也是一样，且投保单中关于附加险“PD/C18 仓储物防水保证条款（垫高 15 厘米）”等这类专门性的确定保险责任关键内容的记载也可以合理判断是由保险公司打印记录后提供给投保人的。从法院组织双方现场勘察的情况来看，尽管保险条款上有“防水保证条款（垫高 15 厘米）”的约定，被保险人厂内至今仍未对大部分纸品进行垫高（成卷的原纸为主要库存纸品，卷纸均未垫高）操作，可以合理推定保险公司承保业务人员在承保时对厂区内现场纸品存放情况是明确知晓的，且保险公司亦未提供充足证据证明其向投保人提交了相应附加险的保险条款。法院最终对保险公司拒赔抗辩没有支持，判决保险公司承担保险赔偿责任。

案例评析

合同的双方当事人享有合同权利履行合同义务，以合同签订时双方当事人真实的意思表示为基准。我国《保险法》在我国合同法律法规诚信原则的基础上,明确提出了最大诚信原则,保险合同对双方诚信的追求要远远高于一般合同,对保险合同当事人的真实意思表示以及信赖的保护也明显要高于一般合同。所以,保险合同纠纷诉至法院或商事仲裁机构后,法院或商事仲裁庭首先要判断保险合同是否有效成立并生效,其后就要判断保险合同条款,双方在签订合同过程中的真实意思表示,以及是否因一方的不当行为给另一方造成了不当的信赖而使一方可能处于不公平之中。本案中,双方对保险合同条款中关于防水保证条款(垫高 15 厘米)的约定没有争议,也没有解释上的困难,焦点在于双方是否是基于这一条款签订的保险合同。如果在保险合同的签订过程中,保险公司没有明确提出这个条款的要求,投保人基于投保过程中保险公司的行为没有对厂区内仓库不符合这一条款的情形进行评估和整改,如果允许保险公司以此为由拒赔,将使被保险人处于不公平的状态之中。保险公司及其工作人员作为专业机构,对保险条款进行提示说明,准确界定保险标的,本身是对其承保过程中的合规要求。故本案是保险机构没有履行合规要求导致的事实上承保了保险条款约定不承保的保险标的造成损失的典型案例。

案例二:保险公司从业人员不当拒赔,违反保险消费者真实意思表示的协议被撤销①

案情简介

2009 年 12 月 7 日,投保人刘某在某保险公司为其所有的车辆及挂车分别投保了商业险及交强险,被保险人为刘某及该车的合格驾驶员。2010 年 4 月 3 日,刘某驾驶的保险车辆发生交通事故,车上货物刮倒了路上的广播电视、电信线路,并导致线路、绿化带、路边房屋和一辆小型客车受损。根据交警部门的事故认定,事故系因刘某驾驶的车辆所载货物超高造成的,认定刘某对该事

① 刘某诉某保险公司保险合同纠纷案,江苏省宿迁市中级人民法院,载于《最高人民法院公报》2013 年第 8 期。

故承担全部责任。经交警部门调解,刘某赔偿了各项损失。此后,刘某向保险公司申请理赔,保险公司认为上述车辆未在保险公司投保货物险且车辆所载货物超高,以该事故不在保险赔偿的范围为由拒赔。后保险公司又对刘某进行了电话回访,双方就涉案事故达成了销案的协议。诉讼过程中,法院认为,刘某同意销案的原因是保险公司拒绝理赔,致使其误以为因交通事故造成的损失将不能从保险公司处获得赔偿。法院认为,该保险公司作为专业保险公司,基于专业能力和工作经验及对保险合同条款的理解,明知或应知本案保险事故系保险合同约定的赔偿范围,保险公司在其认知能力比较清楚,结果判断比较明确的情况下,仍对保险消费者作出拒赔表示,有违诚实信用原则。在涉案销案协议订立的过程中,保险公司基于此前的拒赔行为,故意隐瞒刘某可以获得保险赔偿的重要事实,对刘某进行错误诱导,致使刘某误以为将不能从保险公司获得赔偿,并在此基础上作出同意销案的意思表示,该意思表示与刘某期望获得保险赔偿的真实意思明显不符,判决保险公司的行为构成欺诈,撤销了销案协议,保险公司应予以保险赔偿。

案例评析

保险合同是最大诚信合同。这种最大诚信不仅体现于保险合同的成立过程中,而且需要根据保险合同当事人的真实意思表示确定保险合同双方的权利义务,防范一方利用专业优势或其他优势基于另一方的信赖而取得不合理的合同利益。最大诚信原则适用于保险合同执行和理赔的全过程。本案中,该保险公司在明知被保险人的理赔申请具有事实和法律依据,依据保险合同可以获得保险赔偿的情况下,仍然凭借其专业优势向被保险人作出不属于保险理赔范围且保险公司将予以拒赔的表示,使被保险人处于一种不利状态,事实上迫使保险消费者在不知情的情况下选择与保险公司调解,通过销案取得了部分理赔款。应赔尽赔不仅是保险公司作为保险合同当事方在保险法最大诚信原则之下的法定义务,也是保险监管机构明确提出的保险理赔最基础的合规要求,本案中该保险公司明显没有满足业务合规的要求,损害了保险消费者的合法权益,最终也将损害保险行业的整体利益。

案例三:保险公司单方规避保险责任且未履行特别条款说明义务,保险条款无效①

案情简介

2014 年 9 月 22 日,陈某某为其车辆在某财产保险股份有限公司曲靖市麒麟支公司城关营业部投保了机动车交通事故责任强制保险和商业第三者责任保险。机动车交通事故责任强制保险的保险期限自 2014 年 11 月 30 日 0 时起至 2015 年 11 月 29 日 24 时止。商业第三者责任保险的保险期限自 2014 年 9 月 30 日 0 时起至 2015 年 9 月 29 日 24 时止。2015 年 10 月 8 日,陈某某委托第三人崔某某到保险公司处进行续保,向保险公司交纳了保险费,保险公司开具发票一份,并出具了保险单。保险单上注明的机动车交通事故责任强制保险和商业第三者责任保险的保险期限均为自 2015 年 11 月 30 日 0 时起至 2016 年 11 月 29 日 24 时止。2015 年 11 月 23 日 16 时 40 分,陈某某驾驶其车辆与案外人赵某某所骑的无号牌自行车相撞,造成赵某某受伤,两车不同程度受损的道路交通事故。曲靖市公安局麒麟分局交通警察大队认定陈某某负此次事故的全部责任,赵某某无责任。事故发生后,陈某某将车辆送至曲靖市麒麟区一家汽车维修美容经营部进行修理,产生修理费 16,980 元。陈某某要求保险公司理赔,保险公司认为事故发生在脱保期内,不予理赔。

本案中,陈某某于 2015 年 10 月 8 日委托第三人崔某某就其车辆到保险公司处进行续保,保险公司接受了保险费,同时保险公司向陈某某开具了发票并出具了保险单,此时保险合同成立。对于保险期限,保险公司未提交证

---

① 陈某某诉某财产保险股份有限公司曲靖市麒麟支公司城关营业部财产保险合同纠纷案,云南省曲靖市中级人民法院(2017)云 03 民终 271 号民事判决书。

据予以证实其已履行了说明或告知义务，且本案陈某某上一年度的保险也是在同一保险公司处投保，交费后，保险公司明知陈某某投保的车辆已经脱保，但保险公司对此仍未作特别的说明。因此，保险公司应当从投保人交纳保险费时开始承保。陈某某要求变更商业第三者责任险的保险期限自2015年10月9日0时起至2016年10月8日24时止的诉讼请求成立，予以支持。陈某某投保的车辆发生道路交通事故，为此产生了修理费16,980元，保险公司对此应当承担理赔责任，陈某某的诉讼请求成立，法院予以支持。

案例评析

投保人在同一保险公司续保并交纳保费，其本意在于尽可能地实现被保险车辆在脱保后的及时补救，以最大限度分散事故风险，减轻赔偿责任，因此下一年度的保险期间应从其交纳保费的当日立即开始计算。保险单中载明的"保险期间自2015年11月30日零时起"内容系保险公司提供的格式条款，该条款将保险期间开始时间推迟，违背了投保人续保的本意，排除了投保人在上一年度保险期间已届满，而下一年度保险期间未开始的这段时间差内获得保险保障这一期待利益的权利，单方规避了保险公司本应承担的保险责任。同时，保险公司在明知投保车辆已脱保的情况下，对下一年度保险期间起始时间推迟事项未作特别说明，故该条款应认定为无效。

案例四：保险公司未履行明确说明义务应按保险合同理赔[①]

案情简介

2003年1月18日，投保人史某某以其子为被保险人并以其妻王某某为

① 王某某诉某保险公司新郑支公司未履行明确说明义务应按保险合同理赔案，河南省郑州市中级人民法院(2003)郑民终字第375号民事判决书。

受益人与某保险公司新郑支公司签订某千禧理财两全保险(分红型)合同。合同约定,被保险人身故,受益人应得保险金额10,000元。2003年6月25日,被保险人史某某因疾病死亡。王某某要求该保险公司新郑支公司支付保险金10,000元,而保险公司以保险合同中的免责条款为由拒绝赔偿。该保险合同第7条规定了保险公司的免责条款,其中一款为:被保险人在本合同生效之日起180日内因疾病死亡的,保险公司不负保险责任。但受益人向一审法院提供了一份录音资料,录音中保险公司业务员王某某承认其未向投保人履行明确说明义务。

本案中,法院认为,投保人史某某与保险公司新郑支公司签订的保险合同依法成立,属于真实有效的合同。保险公司新郑支公司在其提供的格式合同中所注明的"声明与授权",不仅没有把免责条款提得更突出,反而又罗列其他内容,不符合《合同法》(已失效)第39条的要求。某保险公司新郑支公司没有向王某某履行合同免责条款的告知义务,应当承担保险责任。故依照《合同法》(已失效)第44条、《保险法》第18条、第24条、第31条之规定,判决被告某保险公司新郑支公司于判决生效后10日内向王某某支付保险金10,000元。

案例评析

根据《保险法》第18条之规定,保险公司对保险合同中规定的免除保险公司赔偿责任的条款,负有向投保人明确说明的义务,否则该条款不产生效力。保险法上"明确说明"义务是指,保险公司在投保人向保险公司投保过程中,对于减轻或免除保险公司责任的条款应当在保险单上或其他保险凭证上作出能够足以引起投保人注意的提示,并且应当在签订保险合同时对有关免责条款的内容以书面或口头形式向投保人作出解释。保险法上保险公司对投保人具有主动的条款主要内容和免责条款的告知说明义务,且需要是在保险条款之外的告知说明动作,仅有保险条款没有告知说明的动作并不满足保险法上保险人告知说明义务的履行标准。本案中,即便投保人史某某在保险单上签了字,但由于有证据可以证明保险公司业务员在承保过程中没有向投保人履行告知说明义务,法院最终认定保险合同中免除保险公司责任的条款不发生法律效力,判决保险公司对被保险人史某某的死亡承担保险赔偿责任。虽然投保人在投保单的"声明与授权"栏内签字形式上可以推定保险公司已就免责条款向投保人作了告知说明,但经办案涉保险业务的保险公司业务员的证言证明其并没有就免责条款进行解释和说明,根据日常生活经验,后者的证明力高于前者,没有告知说明的动作,因此不能认定保险公司向投保人履行了对免责条款的明确说明义务。

案例五:保险公司未及时行使解除权,不能引用合同撤销权撤销保险合同①

案情简介

2012 年 3 月 7 日,投保人邓某向某拖拉机公司购买拖拉机一辆。该车挂靠登记于某运输服务有限公司名下,双方约定该车辆所投交强险由该拖拉机公司负责办理,邓某向该拖拉机公司缴纳应缴的保险费用。2014 年 2 月 21 日,邓某持伪造的销售发票、车辆合格证,以未上牌新车的名义向某保险公司投保机动车交通事故责任强制保险,并提交了投保单,该保险公司承保后于当日向邓某签发保险单。2014 年 12 月 30 日,案涉车辆发生道路交通事故。后保险公司发现邓某投保时所提交材料与实际情况不符,遂于 2015 年 6 月 9 日起诉至法院,请求法院撤销机动车交通事故责任强制保险合同。

根据我国道路交通安全法等法律法规的规定,上路行使的机动车辆需要强制性地投保机动车交通事故责任强制保险,拖拉机作为机动车,车主为

---

① 某某财产保险股份有限公司吉林中心支公司与邓某某机动车交通事故责任纠纷上诉案,江苏省南通市中级人民法院(2015)通中商终字第 00527 号民事判决书。

其投保机动车交通事故责任强制保险属于其法定义务。法律同时亦强制具备承保机动车交通事故责任强制保险业务资格的保险公司必须承保。法院认为,机动车交通事故强制保险的主要功能在于分散机动车交通事故的风险,及时有效保障和填补受害人的损失,机动车主的投保和保险公司的承保都具有强制性。邓某在投保过程中存在欺诈行为,但该欺诈行为与保险公司的承保行为不具有因果关系,保险公司的承保行为乃基于交强险条例的强制性规定,其表意自由并未受到侵扰,认定保险公司无权行使基于欺诈的撤销权,最终没有支持保险公司的诉请。

案例评析

《合同法》(已失效)和现行《民法典》均规定一方以欺诈的手段使对方在违背真实意思的情况下订立的合同可以撤销。保险是经营风险和管理风险的行业,确定投保人的欺诈行为是否导致保险公司在违背真实意思的情况下订立保险合同的关键是投保人的欺诈行为是否会导致保险标的不符合保险公司的承保标准或实质性地增加保险标的的出险风险,导致保险费率明显不合理。本案中,法院没有支持保险公司撤销合同的理由为机动车交强险是依法必须投保的,保险公司也依法必须承保的保险标的,投保人提交虚假材料的欺诈行为并没有导致保险公司承保了依法不能承保的保险标的,实质上没有损害保险公司的利益,也即如果投保人当时是用真实的材料投保,保险公司也同样会予以承保,投保人的欺诈行为并未导致保险公司违背其真实意思订立保险合同。

另外,相比于一般的合同,《保险法》对保险合同作出了特别的规定,投保人在投保时依法负有如实告知的义务,同时规定,投保人因故意或重大过失违反如实告知义务,足以影响保险人决定是否同意承保或提高保险费率的,保险人有权解除合同。《保险法》对投保人的欺诈行为予以特殊规定,根据特别法规定优于一般法规定的法律适用原则,投保人在投保过程中的欺诈行为也应按照《保险法》规定的因投保人故意或重大过失未履行如实告知义务的,保险人可以解除保险合同处理,而不能绕开《保险法》套用《民法典》欺诈行为撤销合同的规定。

本案对于保险公司业务合规来说具有重要意义。保险公司应当加强保险合同签订后的跟踪管理,发现保险合同符合解除权情形的,应当及时决定是否行使解除权,以免因没有及时发现合同解除事由或发现后没有及时行使解除权而丧失合同解除权。

案例六:保险公司未对格式条款的内容进行说明,法院不支持格式条款的约定①

案情简介

2010 年 12 月 12 日,投保人奚某在某保险公司为其所有的京轿车投保了机动车商业保险,包括车辆损失综合险、不计免赔率(车辆损失险)、不计免赔率(附加险)第三者责任险等,保险期间自 2010 年 12 月 13 日零时起至 2011 年 12 月 12 日 24 时止。2011 年 9 月 14 日 15 时 30 分,奚某所有的车辆停放于北京市海淀区清河西小口村南时发生火灾,造成车辆及车内物品受损,北京市海淀区公安消防支队出具了火灾事故认定书。奚某向该保险公司报案,并协助保险公司对事故车辆进行勘察。后因保险公司未及时理赔,奚某诉至法院。诉讼中,法院认为,投保人奚某与该保险公司签订的保险合同,系双方当事人的真实意思表示,其内容不违反国家法律和行政法规的强制性规定,系真实有效的合同,对双方当事人均具有法律约束力。经公安消防支队认定被保险车辆发生火灾的原因系车辆自燃所致。依据奚某投保的车辆损失综合险保险条款,因自燃造成的保险车辆损失属于保险公司的保险责任赔偿范围,故认定保险公司应当承担保险赔偿责任。保险公司未提

① 奚某诉某汽车保险股份有限公司北京分公司财产保险合同案,北京市第一中级人民法院(2012)一中民终字第 6918 号民事判决书。

交证据证明已就免除自燃损失责任的相关事项及条款向奚某进行过说明提示,且保险单特别约定中亦明确记载保单车辆损失险中含自燃责任,最终判决该保险公司赔付奚某因投保车辆自燃而产生的相关损失。

案例评析

本案中,除了保险合同订立时保险公司对投保人的明确说明义务的证明责任外,还涉及保险出险后保险价值的确定。保险合同可以对出险后保险价值的确定以及损失定损的方式事先给定计算公式,如以车辆新车购置价为基数按月折旧出险后直接按折旧的车辆购置价确定出险车辆的损失。如此约定,可以减少出险后保险合同当事方对损失金额的争议,提升保险理赔效率,不仅有利于减少交易成本,而且也有利于被保险人及时获得保险赔偿,有利于保险公司减少核赔定损费用。此类技术性或程序性条款在本质上并不会损害被保险人的利益,不属于免除责任条款。但鉴于保险公司是专业机构,与保险消费者事实上并不完全处于同一平等地位,根据《民法典》和《保险法》对格式条款的约定,保险公司仍有向投保人说明合同内容的法定义务。保险公司在进行保险销售时,不仅要对免责条款进行明确说明,而且对主要的保险合同内容也要进行说明,保证保险消费者的知情权和选择权。本案是一起保险公司没有对非免责条款进行内容说明的常见案例。

案例七:承保风险不属于可保风险,保险条款的相关约定无效①

案情简介

2008 年 1 月 4 日,投保人苏州某货运有限公司与某保险公司签订了国

---

① 某财产保险股份有限公司苏州中心支公司与苏州市某某物流有限公司保险合同纠纷上诉案,江苏省苏州市中级人民法院(2009)苏中民二终字第 0869 号民事判决书。

内货物运输预约保险协议书，期限为自2008年1月4日零时起至2009年1月3日24时止，协议签订后，苏州某货运有限公司依约支付了保险费。双方约定每月初(5日之前)提供被保险人上月的运输货物清单，由保险公司盖章回传确认是否承保。2008年9月23日5时55分，苏州某货运有限公司驾驶员葛某驾驶某重型厢式货车(行驶证登记车主为某物流公司)与他车相撞，造成两车不同程度受损。该起事故经江西省公安厅交通警察总队直属第一支队第三大队出具的事故认定书确认，苏州某货运有限公司驾驶员葛某对此次事故承担全部责任。事故发生后，为处理事故的善后事宜，苏州某货运有限公司支付了事故施救费与搬运费。关于货物损失，保险公司出具了机动车保险定损单，对事故造成的货运损失进行了确认。2009年1月16日，苏州某货运有限公司的企业名称变更为某物流公司。某物流公司在事故发生后向保险公司提出理赔申请，保险公司拒绝赔偿。

诉讼中，法院认为，双方签订的运输预约保险协议书是双方的真实意思表示，且不违反法律的规定，对双方具有法律约束力，双方应当依照约定履行各自的义务。本案的争议焦点在于保险公司是否已对案所涉事故承保。根据双方在预约保险协议中的约定，投保人或被保险人应在每月初(5日之前)提供被保险人上月的运输货物清单，由保险人盖章回传确认承保。法院认为，根据这一约定，投保人或被保险人应在每月5日之前将上月的运输货物清单提供给被告，由保险公司决定是否对上月的货物运输承保，保险合同中该条款实质上是约定保险公司有权自行决定是否承担保险责任，实质上赋予了保险公司对既成保险事故是否承担保险责任的单方决定权，排除了被保险人的主要权利。本案中双方签订的保险合同系被告预先提供的格式文本，关于承保方式的约定虽系合同当事人的选择，但事实上被保险人并无权对该约定进行协商、修改，该条款仍属于格式条款。保险合同是射幸合同，是对未来不确定事故发生后产生的如何承担保险责任的约定。法院据此最终认定，本案原告、被告双方的这一约定是对已经发生的既成事实如何承担保险责任的约定，是实质上赋予保险公司是否承担保险责任的选择权，与保险的性质相违背，判决该条款无效，保险公司承担保险赔偿责任。

案例评析

保险中的可保风险具有两项基本的不确定性特征,即未来是否发生的不确定性与发生之后带来损失多少的不确定性。如果投保人危险确定会发生或确定不会发生,均不属于保险上的可保风险。保险合同作为射幸合同的核心要素在于投保人投保时、保险公司承保时可保风险均具有不确定性,虽然作为单个的风险具有不确定性,但作为整体的发生在一定时期、一定区域、一定条件下的危险具有可预测性,保险正是将不确定的单个风险通过大数法则转化为整体上相对确定的危险的行业。本案中,投保人将上月的货运清单上传给保险公司,保险公司回传确定是否承保,承保的是过去的事件,是否发生危险已经确定,不符合保险可保风险的要求。如果赋予保险公司在危险确定之后的承保选择权,实质上是赋予保险公司单方受益权,不仅不符合保险法对可保风险的规定,而且也显失公平。这个案例要求我们在保险条款的设计过程中,要始终建立在保险可保风险承保的基础之上,最大诚信地设计保险条款。

案例八:格式条款采用有利于被保险人和受益人的解释①

案情简介

投保人李某向某保险公司对其所有的工程机械设备购买综合保险后,涉案车辆吊臂折断受损,被保险人向该保险公司索赔。保险公司主张车辆损坏并非保险责任范围,故予以拒赔。李某诉至法院。法院认为,双方就保

---

① 李某与某财产保险股份有限公司石家庄市分公司财产保险合同纠纷案,北京金融法院(2021)京74民终576号民事判决书,北京金融法院发布成立一周年十大典型案例之四。

险责任范围中的“倾覆”一词持有不同理解，因该条款系保险人提供的格式条款，而保险人未能提交证据证明其提示了保险条款，故应作出不利于提供格式条款一方的解释，并据此判决保险公司对事故中保险标的的损失予以赔偿。保险公司不服一审判决，提起上诉。二审法院经审理认为，保险人在订立合同的过程中未提示格式条款，不能导致保险责任范围的无限扩大，仅能导致格式条款中的免责条款不生效。涉案车辆在客观上，不存在“倾覆”或者“翻倒”的事实，即造成保险标的损失的原因，不属于李某所主张的、合同约定的、应当由保险公司承担赔偿责任的危险（原因）范围，保险公司对该次事故以及相应损失不应当承担保险金赔偿责任。故判决撤销一审法院判决，改判驳回李某的全部诉讼请求。

案例评析

这是一个保险公司及业务人员未按合规流程将保险条款提示给投保人，投保人主张保险条款的不同理解如何确定的问题。本案中，一审法院的认定与二审法院的认定存在分歧。一审法院在认定保险公司未将保险条款提示给投保人后直接以保险条款系格式条款应作出对保险人不利的解释为由判决保险公司承担不利后果。二审法院分析了保险条款未提示的后果，强调通常的一般理解并不能因保险公司未合规提示保险条款而加重保险公司的责任，保险公司明确说明义务承担不利后果的保险条款中的免责条款，不同于一般的合同中的约定。在合同解释中，二审法院没有直接套用《保险法》第31条作出对保险公司的不利解释，而是强调对保险公司进行不利解释的前提是保险条款中的约定有两种以上的解释，且通过文义解释等方法无法得出唯一的结论，方能对保险公司进行不利的解释。本案中，“倾覆”具有通常的文义，与“翻倒”在文义上明显不同，且一个正常的民事法律主体完全可以理解。如果在此种情况下，仍然要求保险公司承担不利的解释义务，不仅不符合《保险法》的立法原意，也会诱发被保险人的不诚信行为，导致不当得利的发生。所以，二审法院的判决更符合公平公正的追求。保险公司要吸取的教训在于本案虽然二审法院支持了保险公司的抗辩,但不是所有法院都会进行实质考察,一审法院的判决也代表了一种法院对保险消费者过度保护的司法现状,这一切归根结底就是保险公司在承保过程中没有合规操作造成的,也是业务合规带来的诉讼风险的常见案例。

第五节 财产保险合规建议

保险机构的合规建设具有共通性路径,比如“合规制度建设”、“合规认识提高”以及“合规科技应用”。这些共通性的做法不仅适用于财产保险机构,也适用于人身保险机构和保险中介机构。

一、提高合规制度的建设水平

保险行业是一个专业性非常强的行业,同时是与千家万户密切相关的行业,直接影响保险消费者的合法权益,与其相应的监管也是强监管。保险监管机构会在不同时期针对不同的问题基于不同的目的出台不同的监管文件,针对财产保险的监管文件和规范性文件的种类繁多。除保险监管机构外,保险行业还受行业管理,有全国行业性管理规定,也有地方行业管理规定;对于全国性公司有总公司的管理规定,也有分公司的管理规定;有内部的,也有外部的;有管理型的,有业务型的。这些相对繁杂或者散落的规范性文件,对于基层机构或从业人员来说,学习和培训成本比较高,并且不一定能覆盖所有的合规知识点或风险点,给日常合规经营工作带来一定的隐患。合规除了技术手段外,最终要内化于员工的行动,知后才能行。

1. 建立合规制度库

有章才可循,知后才能行。保险公司需要根据公司的组织架构、职责分工,人员配置、业务性质等不同,梳理对应的合规制度库,各层级人员通过关键词可以直接搜索到相关的管理规定。比如,发文号、制度名称、制度类别、生效日期、发文部门以及文件核心内容等。建立横向分类如承保、理赔、销售、财务类规章制度，纵向分类如分公司、管理部门、支公司和营业部、团队和人员的规章制度。有了清晰、完整的制度分类，各级基层机构和人员就可以在以业务发展为主要导向的同时，快速掌握本部门、本职责范围内的合规要点，提高合规管理的有效性和精准度，防范和化解合规风险。

2. 建立罚则案例库

合规是实践性很难的工作，以案促改是最大的学习培训方法。合规制度是冰冷的，处罚案例和司法诉讼案例却是鲜活的。保险公司应归纳总结各种处罚案例和司法案例，分析罚则理由和法院判决思路，建立处罚和司法案例库，以此为镜，对照合规制度强化学习和自查，达到内化于员工行为以防范和降低合规风险。通过处罚案例和司法案例的具体表现形式，让各级机构了解保险合同中的风险点所在以及可能面临的行政和司法的后果，警钟长鸣。

3. 建立知识问答库

有知才有畏，有畏才有行。金融发展日新月异，各种监管政策不断出台，对于新颁布或者新实施的规章制度，应及时出台相关的解读和具体的操作落地解答。比如，互联网保险监管规定、销售回溯、客户身份识别、免责告知等一些配套规则规定需要不断地学习和培训，否则会因不知道基本知识而产生新的风险。保险业务经营者通过建立自问自答或机构提问权威部门回答等方式将新规定阐述清楚，可以起到促使从业人员在实务中严格按照规则行事，降低相关风险的作用。

二、扩大合规认知的覆盖面

合规不是一个合规部门的事，合规人员也不仅仅是指专业或专职的合规人员。公司的经营管理涉及方方面面，每一方面都有相关的行为约束，其中的当事人应充分了解其行为可能产生的风险，并且承担相应的责任。

1. 加大合规知识培训

除了在分支公司等基本管理单位的层面配置专门的合规部门或合规岗

之外,每个条线、每个机构均应配置直接面对业务一线的兼职合规管理岗,就本条线和本机构的日常管理和业务行为进行合规监测、评估和反馈。分支公司等基层管理单位的合规部门应强化对兼职合规管理岗以及全体员工进行合规知识培训,对常见的风险点以及触发机制进行全方位的宣导,促使合规要求内化于心,外化于行。

2. 将合规植入业务流程

根据部门和机构、岗位性质和业务特点,制定岗位合规手册,将合规内容植入业务流程。如总经理层面对班子成员分工、高级管理人员资格任职、设立撤并分支机构以及财务权限等方面承担合规管理责任;行政人事在员工录用、干部考核、薪酬管理、党群关系、文件流转、印章管理、档案管理、固定资产管理等方面承担合规管理责任;财务管理在保费资金、费用资金、赔款退保管理、银行账户管理、资金结算方面承担合规管理责任;业务管理在投保资料完整、保前风险评估、核保核赔核价权限、事故查勘、投诉管理以及客户服务标准化流程方面承担合规管理责任;销售管理在业务机构和销售人员行为管理、中介业务管理、协议管理、销售费用管理方面承担合规管理责任;内控部门在风险管理、诉讼管理、合同审核、反洗钱管理和核查审计方面承担合规管理责任。

通过在上述具体工作的流程中,植入合规节点设置,对合规要求进行分解,落实到具体部门和个人,使内控制度转化为一个个可执行和操作的步骤,化整为零,可以大大降低公司经营风险。

3. 强化合规考核力度

合规考核和明确责任是将合规要求进行落地执行的保证,根据风险程度不同,可设立违规红线事项一票否决、红色预警和黄色警戒等指标。根据管控需要,可以设立违规经营指标和过程管理指标。

违规经营指标可与各级部门和机构负责人绩效挂钩,过程性管理指标可与业务经办人绩效挂钩。相关指标可涉及调离岗位、升降级、扣罚绩效的惩处措施,一票否决指标可涉及撤职、解除劳动合同,追究法律和经济责任等惩处措施。通过设立合规管理责任追究制度,强化全员合规意识,真正让合规制度执行落地。

三、提升合规智能化应用

随着保险科技的发展，越来越多的合规管理要求可以转化为由系统进行控制，减少人为干扰因素，未来保险合规将走向数字化、立体化、前置化和智能化。并且随着技术发展，合规不仅仅体现在监管规范性文件涉及的风险防范，而是扩展到整个保险风险控制的过程，包括客户信息采集、保险反欺诈、精准核保和核赔、AI 风险识别、信息安全、流程智能监控等方面。

1. 签名认证电子化，防范销售误导

随着电子投保单和电子签名技术的发展，越来越多的险种可以通过线上投保，在投保的关键节点，比如，资料录入可由 OCR 技术扫描行驶证、身份证或营业执照等证件，自动填入关键信息，在保险条款和免责事项通知需要阅读一定时间才能进入下一操作，还可以通过机器模拟人工语音按照标准话术进行回访，确保投保真实意思表示，减少销售人员误导而引起的合规风险纠纷。在客户身份识别方面，可通过人脸识别和实名缴费认证，提高资料收集效率和准确度，同时防范反洗钱风险。

2. 业务财务系统一体化，确保费用真实

在目前监管处罚的违规事项中，虚列费用最为常见。可以通过业务、财务、费控系统实时对接，尽可能避免费用在系统外循环，消灭虚列费用的寻租空间。每一张保单生成，相关的费用包括手续费、业务绩效、维护费或拓展费等必须跟单跟人，然后将额度自动对接到费控系统，费控系统与银行互联再进行支付，整个过程人工只能参与复核，不能篡改信息、不能变更资金流向。对于事先无法跟单跟人的费用，事后也必须进行回溯处理，确保系统外无费用。通过上述完整的闭环管理，相关业务流财务流均有痕迹可查，若有风险也可以快速定位问题，大大降低和震慑人为因素导致的费用合规风险。

3. 理赔解决方案智能化，反保险欺诈

传统保险的理赔流程复杂，每个环节需要经过很多人工工序完成，无法实现理赔流程的自动化,导致理赔过程耗时长,理赔效率低。可以通过综合运用声纹识别、图像识别,处理非结构类数据,比如,将笔迹、扫描、拍照单据转换成文字,对视频、现场照片进行分类处理,达到快速查勘、确认证据,在客户授权同意的情况下,实时与合法的第三方征信数据公司互联互通,完成相关核损、定损工作,同时进行反欺诈识别,防范骗保。

除了上述保险机构完善合规管理的共通性做法外,由于财产保险机构在产品开发设计以及保险销售、理赔过程中也存在自身的合规特点,财产保险机构应采取针对性措施以防患于未然。例如,财产保险行业内一直存在产品报批与执行“两张皮”问题。2021 年 10 月,原银保监会修订的《财产保险公司保险条款和保险费率管理办法》正式施行,该办法进一步强化了保险产品审批和备案监督管理,强调不得以任何方式改变经审批或备案的保险条款或者保险费率,直指行业内产品报批与执行“两张皮”问题。在强化条款费率管理方面,该办法明确公司条款费率直接责任人,规定公司条款费率开发归口管理部门负责人、合规负责人、总精算师分别对条款费率开发管理、条款审查、费率审查负直接责任。因此,财产保险机构务必将外部监管要求转化为内部控制机制,加强对保险条款和保险费率的合规管理,杜绝财产保险产品或服务“报行不一”的违规做法。

CHAPTER 04

第四章

互联网保险合规

在互联网时代，以网上购物为代表的现代化商业模式已深入人们的日常生活。互联网使人们的生活方式与经营方式发生了巨大变化，互联网与保险业的结合也使传统的保险行业焕发出新的生机，互联网保险应运而生。互联网保险业务是指保险机构依托互联网订立保险合同、提供保险服务的保险经营活动。[①] 在互联网保险业务活动中，保险机构通过互联网和自助终端设备销售保险产品或提供保险服务，保险消费者通过保险机构自营网络平台的销售页面独立了解产品信息并自主完成投保行为。我国互联网保险的经营主体包括传统保险公司、互联网中介平台、第三方平台以及专业互联网保险机构等。传统保险公司建立自营性质的互联网保险网站，可以实现保险产品宣传、投保及理赔一体化式服务；互联网中介平台是线上为消费者提供保险产品或服务的平台；第三方平台为保险公司或者保险经纪人提供交易基础设施和

① 本章提及的互联网保险以及与互联网保险相关的概念定义均按照原银保监会发布的《互联网保险业务监管办法》中的相关内容界定。

场所；专业互联网保险机构全部实现了线上经营。[①] 互联网保险具有便捷性特征：互联网保险提供了在线购买和服务的便利，消费者可以通过手机、电脑等设备方便地进行保险产品的购买和管理。同时，互联网保险可以根据客户的需求和情况提供个性化的保险产品和服务，满足各类客户的不同需求。互联网保险的最大特征在于突破传统的线下销售手段，从而减少了传统保险渠道中中间环节的成本，提高了效率，降低了保险产品的销售成本。互联网保险对保险业最大的变革在于互联网保险创新了保险产品的设计和销售方式，引入了新的科技手段和数据分析技术，提高了用户体验和风险管理的效果。

我国互联网保险业务是伴随着我国互联网业务异军突起而蓬勃发展起来的。以百度、阿里、腾讯为代表的互联网行业异军突起后，受益于互联网行业的快速发展，传统保险公司和保险中介机构积极开展线上交易，借助于互联网扩大保险业务销售和服务渠道，互联网企业则纷纷单独或与中小保险公司合作进入互联网保险行业，希望借助互联网新技术后来居上，实现弯道超车。

2013 年，腾讯公司、蚂蚁金服、平安保险联合发起设立众安保险，成为我国首家销售和理赔业务均在线上进行的互联网保险公司。2015 年泰康人寿全资子公司泰康在线财产保险股份有限公司成立，成为我国首家由国内大型保险企业发起成立的互联网保险公司。同年，安心保险、易安保险相继设立，形成了四大互联网保险公司的格局。同时，招商信诺、中民保险、向日葵保险、优保保险等第三方保险平台也相继设立，共同形成了由互联网保险公司、互联网保险公司之外的保险公司、保险中介机构、互联网保险代理企业等主体参与的互联网保险业态。

根据中国保险行业协会的统计，2021 年共有 60 家人身险公司开展互联网保险业务，占保险业协会人身保险会员公司总数的 65.9%，累计实现规模

① 参见郑莉莉：《互联网保险的发展现状、机遇挑战与前景分析》，载《中国保险》2023 年第 6 期。

保费2916.9亿元;[①]2021年互联网财产保险累计实现保费收入862亿元,业务渗透率(互联网财产保险业务保费与产险公司全渠道业务保费的比值)升至6.3%,[②]互联网保险业务不仅代表着未来的保险业发展方向,同时也已经成为现阶段我国保险业务的重要组成部分。互联网保险发展迅速,在中国等一些国家和地区已经成为保险行业的重要组成部分。随着技术的进步和用户需求的不断变化,互联网保险的发展前景仍然广阔。保险公司、科技公司和互联网平台等各类企业纷纷涉足互联网保险业务,推动了保险业的创新和变革。

第一节　互联网保险合规概述

互联网行业是20年以来发展最活跃的行业,得益于以普惠金融为代表的互联网金融科技的发展,保险行业不仅形成了互联网保险公司、互联网保险公司之外的保险公司、保险中介机构和互联网代理企业组成的互联网保险服务机构,专门服务于互联网交易或服务的保险业务也随之不断出现。互联网保险是指利用互联网技术和在线平台进行保险业务的一种形式。它通过在线平台提供保险产品的销售、服务和理赔等环节,实现了保险业务的数字化和智能化。互联网保险机构提供的互联网保险产品,不再仅限于销售传统的人身或财产险的保险产品或提供传统保险服务,而且致力于与互联网线上交易相结合,为互联网交易或服务提供风险保障,让保险产品和服务根植于互联网交易场景中。当前,微信、直播、短视频等内容平台的兴起,极大改变了传统的保险产品销售和保险服务提供模式,这些平台在拓展销售渠道和增进服务便利化的同时,也直接或间接导致非法从事保险业务、销售误导、强制搭售、诱导销售、信息安全等不合规乱象频生。互联网保险业

---

① 参见中国保险行业协会:《2021年度人身险公司保险业务经营情况分析报告》,载中国保险行业协会官网,http://www.iachina.cn/art/2022/3/21/art_22_105816.html。

② 参见中国保险行业协会:《2021年互联网财产保险发展分析报告》,载中国保险行业协会官网,http://www.iachina.cn/art/2022/5/13/art_22_106027.html。

务存在比较突出的问题就是消费者权益保护问题,主要反映在销售告知不充分或有歧义、理赔条件不合理、拒赔理由不充分、捆绑销售保险产品、未经同意自动续保等问题,这些行为无疑损害了消费者的合法权益。[①]《保险法》及原来针对线下交易为主的监管规则已无法完全适应互联网保险业发展的新形势。

为此,原保监会于2011年4月发布《互联网保险业务监管规定(征求意见稿)》,公开向社会征求意见,并于2015年7月正式发布了《互联网保险业务监管暂行规定》。此后,原银保监会先后于2018年10月和2019年12月发布《互联网保险业务监管办法》草稿和征求意见稿在保险行业内征求意见,并于2020年9月向社会公开发布《互联网保险业务监管办法(征求意见稿)》,公开向社会征求意见。2020年12月7日,原银保监会正式公布《互联网保险业务监管办法》,该办法已于2021年2月1日施行。原银保监会发布的《互联网保险业务监管办法》已成为我国互联网保险业务监管的主要法律法规,该办法对互联网保险行业的基本业务和主体进行了规定,主要包括业务条件、销售管理、服务管理、运营管理、机构主体、监督管理等方面,其他监管文件则在此基础上对互联网保险进一步明确相关产品和服务规范。此外,原保监会还于2011年9月发布了《保险代理、经纪公司互联网保险业务监管办法(试行)》,于2017年6月发布了《保险销售行为可回溯管理暂行办法》,原银保监会于2020年6月正式印发了《关于规范互联网保险销售行为可回溯管理的通知》,对保险中介机构从事互联网业务和互联网保险销售行为进行了规范,初步在我国构建了互联网保险业务监管体系。

针对互联网保险发展过程中表现出来的各种乱象,2016年4月原保监会发布了《互联网保险风险专项整治工作实施方案》,专项对互联网高现金价值业务、保险公司依托互联网跨界开展业务、非法经营互联网保险业务等突出问题进行了专项整治;2021年8月原银保监会发布《关于开展互联网保险乱象专项整治工作的通知》,专项对销售误导、强制销售和诱导销售、经营

---

① 参见郑莉莉:《互联网保险的发展现状、机遇挑战与前景分析》,载《中国保险》2023年第6期。

不合规、不审慎、用户信息不安全以及群众和市场反应强烈的其他问题进行了专项整治。针对保险产品的分类，保险监管机构对人身险和财险业务分别印发了《关于进一步规范保险机构互联网人身保险业务有关事项的通知》和《关于加强和改进互联网财产保险业务监管有关事项的通知（征求意见稿）》[①]，对《互联网保险业务监管办法》中未明确的内容加以细化规定。

总体上，互联网保险业务合规基本要求为：从事互联网保险业务的保险机构必须是符合监管要求的保险公司或保险中介机构，做到机构持牌，人员持证；保险机构从事互联网保险业务必须进行充分的信息披露，进行规范的营销宣传和销售管理，切实保护消费者合法权益。

第二节　互联网保险机构主体合规

一、机构范围

1. 持牌经营

我国金融行业实行严格的持牌经营。在传统保险行业，《保险法》明确规定保险业务由依照《保险法》设立的保险公司以及法律、行政法规规定的其他保险组织经营，其他单位和个人不得经营保险业务。[②] 原银保监会《互联网保险业务监管办法》继续坚持《保险法》这一强制性规定要求，明确规定

---

① 2024 年 8 月 9 日，金融监管总局印发《关于加强和改进互联网财产保险业务监管有关事项的通知》，明确要求不满足经营条件的财产保险公司应立即停止开展互联网财产保险新业务，已经开展互联网财产保险业务的财产保险公司，应于 2024 年 12 月 31 日前全面符合该通知各项要求。

② 根据原银保监会《互联网保险业务监管办法》的规定：非保险机构不得开展互联网保险业务，包括但不限于不得提供保险产品咨询服务，不得比较保险产品、保费试算、报价比价，不得为投保人设计投保方案；不得代为办理投保手续；不得代收保费等商业行为。该办法同时对保险公司委托其他合作机构提供技术支持和客户服务进行了规定，不排除在坚持保险机构持牌经营的前提下非保险机构通过为保险公司提供技术服务和客户服务等方式与保险公司合作开展保险业务经营的可能，非保险机构与保险机构合作开展保险业务的合规论述将在下一章中论述。

互联网保险业务由依法设立的保险机构[1]开展,其他机构和个人不得开展互联网保险业务。监管机构还进一步限缩了可以从事互联网保险业务的保险中介机构的范围,要求保险中介机构必须是全国性的机构,将个人保险代理人排除在从事互联网保险业务的保险机构范围之外。

2. 业务条件

互联网保险业务的开展不实行资质审批,但保险监管机构对从事互联网保险业务提出了业务条件,包括网站备案、信息系统、安全防护等互联网软硬件条件,运营和服务体系、业务管理和制度规程等内部管理条件以及监管指标等风控条件等。[2] 保险机构满足监管要求的业务条件即可开展互联网保险业务,不需要申请业务许可或进行业务备案,但不满足业务条件的保险机构不得从事互联网保险业务。

二、险种范围

互联网保险业务区别于传统保险业务以及线上经营传统保险业务的地方在于:互联网保险业务是保险机构通过互联网和自助终端销售保险产品或提供保险服务的,且消费者通过网络和自助终端独立了解保险产品信息并自主完成投保行为,整个订立保险合同、提供保险服务的过程全部在线上完成。现阶段监管要求优先选择形态简单、条款简洁、可有效保障售后服务的保险产品进行互联网保险业务运营。根据《互联网保险业务监管办法》的规定,保险监管机构可以发布监管文件对保险机构通过互联网销售或提供保险经纪服务的险种范围和相关条件进行规定,从事互联网保险业务的保险机构不仅需要在保险监管机构限定的保险险种范围和条件之下从事互联

① 包括保险公司(含相互保险组织和互联网保险公司)和保险中介机构;保险中介机构包括保险代理人(不含个人保险代理人)、保险经纪人、保险公估人;保险代理人(不含个人代理人)包括保险专业代理机构、银行类保险兼业代理机构和依法获得保险代理业务许可的互联网企业;保险专业中介机构包括保险专业代理机构、保险经纪人和保险公估人。

② 参见《互联网保险业务监管办法》第7条。

网保险业务，还需要结合自身的情况自行判断其销售或提供服务的保险产品是否符合互联网保险的具体要求，评估自身是否有条件从事相应险种的互联网保险业务。

第三节　互联网保险业务合规

一、信息披露

互联网保险不同于传统线下开展的保险业务，与投保人进行交互的是互联网，信息披露的要求明显要高于传统线下保险业务，具体包括以下内容。

1. 保险机构信息

根据《互联网保险业务监管办法》第 12 条的规定，开展互联网保险业务的保险机构需设置官网平台，且应在专门设置的互联网保险栏目，就保险机构的如下信息进行披露：营业执照、经营保险业务相关许可证；网络平台网址及披露信息访问链接；一年来综合偿付能力充足率、风险综合评级、消费者权益保护监管评价等相关监管评价信息；保险机构之间开展合作的，各保险机构应分别披露合作机构名称、业务合作范围及合作起止时间；省级分支机构和落地服务机构的名称、办公地址、电话号码等；省级分支机构和落地服务机构的名称、办公地址、电话号码；经营变化情况等内容。

2. 保险产品信息

保险机构需要在其官方网站互联网保险栏目和互联网保险产品的销售或详情展示页面披露互联网保险产品名称、产品信息（或链接）、互联网产品及保单的查询和验证途径，若保险产品为新型产品则需要按照监管机构的相关规定披露标明相关信息，对特殊条款还应设置成不小于保险产品名称大小的加黑字号。

3. 告知说明信息

互联网保险产品的销售或详情展示页上除了需要展示保险产品条款名称和宣传名称、批复文号或备案编号、产品注册号等信息外，还需要有保险条款和保费（或链接）的信息，并应突出提示和说明免除保险公司责任的条款、理赔条件和流程，以及保险合同中涉及的犹豫期、等待期、费用扣除、退保损失、保单现金价值等重点内容。保险机构应当以足以引起投保人注意的文字、字体、符号或其他明显标志，对保险合同中保险公司责任的条款内容进行逐项展示，并以网页、音频或视频等形式予以明确说明。

4. 投保人义务提示

根据《保险法》的规定，订立保险合同时投保人具有如实告知义务，但前提是保险人就保险标的或者被保险人的有关情况提出询问。保险机构开展互联网保险业务时需要在互联网产品的销售或详情展示页面上展示投保人的如实告知义务，以及违反义务的后果，在销售以死亡为给付条件、被保险人与投保人不一致的保险产品时，还应当展示被保险人同意投保并确认保险金额的内容。人身保险中，保险机构应对健康告知提示进行展示，告知页面应当包括投保人健康告知内容、未尽到如实告知义务后果说明等内容，健康告知提示应当与保险责任直接相关，表述通俗易懂，内容具体且问题边界清晰。

5. 风险揭示信息

保险产品为投连险、万能险等人身保险新型产品的，应按照保险监管机构关于新型产品信息披露的相关规定增加保单利益不确定性风险提示内容，清晰标明相关信息，用不小于产品名称字号的黑体字标注保单利益具有不确定性。销售健康险产品，应当增加保险责任等待期的起算时间、期限及对投保人权益的影响，指定医疗机构，是否保证续保及续保有效时间，是否自动续保，医疗费用补偿原则，费率是否调整等内容，销售含有犹豫期条款的保险产品，应当增加犹豫期条款的内容。

二、营销宣传

互联网保险营销宣传,是指保险机构通过网站、网页、互联网应用程序等互联网媒介,以文字、图片、音频、视频或其他形式,就保险产品或保险服务进行商业宣传推广的活动。保险机构开展互联网保险营销宣传活动应符合《广告法》、金融营销宣传以及保险监管机构发布的相关规定。保险机构开展营销宣传活动应当遵循清晰准确、通俗易懂、符合社会公序良俗的原则,营销宣传内容应与保险合同条款保持一致,营销宣传页面应准确描述保险产品的主要功能和特点。

三、销售行为

保险机构在自营网络平台销售互联网保险产品或提供保险经纪、保险公估服务时,投保页面须属于保险机构的自营网络平台。保险从业人员在开展销售行为时应识别消费者的保险保障需求和消费能力,把合适的保险产品提供给消费者,并保障消费者的知情权和自主选择权;做好售后服务、人身保险新型产品投保人风险承受能力评估,向消费者做好风险提示,售前咨询服务,帮助消费者客观、及时地了解保险产品和服务信息,提示消费者履行如实告知义务,提示消费者告知不准确可能带来的法律责任,不得诱导消费者隐瞒真实健康状况等实际情况,实现真实的购买意愿,不得强制购买、搭售。保险业务人员需持证上岗,保险机构对所属从业人员的互联网保险业务行为依法承担责任。

四、核保回访

互联网保险在核保阶段需确保使用的数据信息来源和使用方式合法合规,保险机构可以利用平台优势和科技优势提高核保效率,建立自动核保机制,进行差异化、智能化核保。在线承保流程中,保险合同正式生效后,投保人支付的保费收入必须进入保险机构的专用账户,保险机构须向投保人出具保单和发票等保险凭证。

《互联网保险业务监管办法》规定保险机构开展互联网保险业务需要开展回访工作。保险机构或业务人员可以通过互联网、电话等多种方式开展回访工作,回访时需验证并确认客户身份,保障客户投保后能够及时完整地知悉合同的主要内容,以保障消费者的知情权、自主选择权和公平交易权。

五、售后服务

《互联网保险业务监管办法》针对互联网保险业务售后服务的全过程,提出明确的经营要求和服务标准:一是要求保险机构配置充足的服务资源,保障与产品特点、业务规模相适应的后续服务能力;二是要求保险机构充分披露信息,保障保险消费者的知情权,告知保险消费者售后服务能否全流程线上实现;三是对售后服务进行全面规范,提出批改、保全、退保、理赔和投诉处理等全流程服务标准,加强服务监管,改善消费体验。保险公司为互联网保险客户提供查勘理赔服务的,应建立包括客户报案、查勘理赔、争议处理等环节在内的系统化工作流程,实现查勘理赔服务的闭环完整。互联网保险公司在核保理赔过程中严格执行相关规定,确保对符合保险合同约定的理赔事件进行及时、准确的赔付处理。保险监管机构对互联网保险公司的风险管理制度和资本充足性进行监管,确保其在理赔过程中能够有效地管理风险,保证保险机构的稳健运营。

六、续保理保

根据《互联网保险业务监管办法》的规定,互联网保险产品可以提供线上续保或终止续保的途径,但未经客户同意不得设置自动续保。保险监管机构对续保的周期、条件和流程等均有规定,确保互联网保险产品的合规运营和风险控制。互联网保险公司在续保过程中需严格遵守相关法律法规，保护客户的个人隐私，不泄露个人信息，不进行违规行为。保险监管机构可以通过定期检查、信息披露、监管合规培训等方式加强对互联网保险续保的合规监管，提高互联网保险公司的合规意识和风险防控能力。

七、回溯管理

根据《互联网保险业务监管办法》和《可回溯管理通知》的规定，保险机构应完整记录和保存互联网保险的主要业务过程，确保消费者在购买保险产品的过程中拥有知情权、自主选择权和公平交易权等基本权利。保险机构通过销售页面管理和销售过程记录等方式，对在自营网络平台上销售保险产品的交易行为进行记录和保存，使其可供查验。

销售页面是指保险机构在自营网络平台上设置的投保及承保全流程页面，包含提示进入投保流程、展示说明保险条款、履行提示和明确说明义务、验证投保人身份，以及投保人填写投保信息、自主确认阅读有关信息、提交投保申请、缴纳保费等内容的网络页面。销售页面管理是指保险机构应当保存销售页面的内容信息及历史修改信息，并建立销售页面版本管理机制。

非销售页面的首页必须是提示进入投保流程的页面，非销售页面中包含投保人填写投保信息、提交投保申请等内容。保险机构应当设置提示进入投保流程的页面，对销售页面和非销售页面进行分隔。对非销售页面的流程也应记录并保存，这一阶段形成的材料能够体现双方的真实意思表示。[1]

[1] 参见王永娜：《互联网保险中保险人说明义务研究》，载《现代商贸工业》2023年第17期。

第四节　互联网保险合规案例评析

案例一:消费者通过互联网保险销售平台多次确认专项条款后,视为保险公司履行了披露说明义务①

案情简介

2020 年 1 月 20 日,马某在某 App 平台购买了某财产保险公司的个人借款保证保险产品,投保前马某在手机操作系统上完成了签署征信与综合授权书、绑定银行卡、人脸识别三个步骤,采取了确保线上操作由投保人个人完成的措施。在马某提交个人借款申请递交相关初审材料后,该平台初审通过后,保险机构 App 提示马某“个人借款保证保险可以为您的本次借款提供增信服务,以提高您的借款成功率。如您有投保需求,请前往投保;如您无需投保,可另行通过资金方渠道申请贷款”。马某点击“我已知悉”后,系统再次提示“您正在进入保险公司页面,保险相关服务由保险公司提供”。马某再次输入手机号码验证系马某本人投保后,勾选“已仔细阅读《信息授权书》”,保险机构 App 对名称为“个人借款保证保险”的产品、投保须知、常见问题等向马某进行介绍,马某点击“我已阅读知悉,并自愿投保”后,App 跳转至“中国某银行保险股份有限公司个人借款保证保险投保单”页面。马某可自行打开链接查阅《个人借款保证保险条款及费率》。马某勾选本人(马某)已仔细阅读《个人借款保证保险条款及费率》中责任免除、保险金额和费率等并表明“充分理解并同意《个人借款保证保险条款及费率》、《保险特别约定及说明》及其他与本次投保相关的全部事项”后,在“客户签名”一

① 马某与某财产保险股份有限公司浙江分公司保险纠纷案,浙江省海宁市人民法院(2019)浙 0481 民初 4899 号民事判决书、浙江省嘉兴市中级人民法院(2020)浙 04 民终 3225 号民事判决书。

栏进行电子签名并确认“本人自愿投保,勾选及签名均为本人自行操作”,同时点击“同意投保”,随后系统提示已完成投保。随后,保险机构 App 提示马某“提交终审”。马某勾选相关授权文书并在“客户签名”一栏进行电子签名后,系统提示“终审已完成”。随后,保险机构 App 再次提示马某“核实确认保险合同信息”,马某点击“立即前往”,系统跳转至“保险合同信息确认”页面,内容载明了马某的身份信息、投保单号、每月保险费率 0.76%、每月保险费金额等信息。马某勾选保单送达方式后,保险机构 App 提示进入“立即签约”步骤。马某点击“立即签约”后,页面提示借款金额、借款期限、每月还款金额、借款年利率、月费率,其中分别列明了月服务费率,月保险费率。马某可在此页面查阅《还款计划》《借款合同》《委托担保合同》《服务委托书》等协议的文本,并勾选“我已仔细阅读并同意”后在“客户签名”一栏进行电子签名后,以数据电文的形式签署上述合同。

本案中,保险公司具备保险销售资质,其销售的个人借款保证保险产品、保险条款及费率经保险监管机构批复同意,不违反法律禁止性规定及行政强制性规定。保险机构 App 多次向马某发送提示,确认投保信息,保险公司核保成功后即向马某出具了《个人借款保证保险保险单》,马某可通过保险机构 App 自行查看其签署的《个人借款保证保险保险单》《付款金额确认书》等文件,故法院最终认定马某应清楚并认可投保该保险公司个人借款保证保险产品的事实,进而认定该保险机构已尽到了告知说明义务。

案例评析

由于互联网保险销售模式是在线上完成所有投保流程,客户现在只需点击几下,就可以方便快捷地购买保单,但是由于保险产品的特殊性,互联网保险产品因此在线上流程中需要特别设置重要条款强制阅读环节,保险公司通常会将保险合同的重要条款和内容以网页、音频、视频等形式进行提示和明确说明,确保投保人已经充分了解保险合同中的重要条款和权利义务,以便投保人作出审慎的决定。此外,这一环节能够证明保险人已经履行相关解释说明等义务。本案中,投保人通过链接在保险公司线上投保页面投保,保险机构 App 在提供投保页面链接时对投保人进行了信息披露,跳转到保险公司线上投保页面后保险公司对机构信息、产品信息进行了披露,并履行了告知说明义务,多次向投保人发送提示信息确认其投保信息,送达了保险单等保险单据,完成了线上投保合规要求,获得了司法认可。

案例二:保险机构业务员用投保人手机操作投保流程,未对条款内容进行说明视为未履行相关义务①

案情简介

某机动车交易市场经营管理有限公司通过某财产保险股份有限公司业务员协商沟通财产保险事宜,投保人向保险公司业务员说明自身厂房大小、机械设备、货物、配套设施的市场价值,也与业务员对保险险种及保险金额进行了协商,在此基础上业务员向投保人推荐了"车商无忧—综修厂"互联网保险产品。根据业务员的介绍,这一保险产品的最高赔付额可以达到 386 万元。投保人职员陈某某将手机交付保险机构业务员进行操作后,保险机构业务员只交付陈某某两张财产险收费截图,仅载有"车商无忧—综修厂、保费 2540 元、投保人某机动车交易市场经营管理有限公司"及备注等内容,该保险产品的缴费标准符合我国财产基本险、财产综合险的平均费率。2020 年 2 月 24 日,保险公司向投保人赠送某保险公司乐业福财产保险一份。2020 年 5 月 9 日 5 时 49 分,投保人经营的机动车交易市场发生火灾,火灾造成修配车间、汽车展厅、办公楼房屋严重受损,修配车间部分设备和物资毁损。

本案的争议焦点之一是案涉两份保险合同中的格式条款内容对机动车

① 某财产保险股份有限公司北镇支公司与某机动车交易市场经营管理有限公司保险纠纷案,辽宁省锦州市中级人民法院(2021)辽 07 民终 3345 号民事判决书。

交易公司是否具有约束力。本案中案涉保险流程系由保险机构业务员通过互联网设定的程序点击相关按钮或链接自行完成,此时保险公司未向投保人出具保险单或其他保险凭证,致使投保人对该案涉保险合同格式条款的内容无从知晓。其次,保险公司作为提供格式条款的一方,其应当对与投保人、被保险人有重大利害关系的条款进行明确说明,案涉“车商无忧—综修厂”保险合同中对店内财产因火灾、爆炸受损每次事故赔偿限额5万元及“某保险公司乐业福(复业保)”保险合同中对每次事故赔偿限额13.6万元的格式条款未经投保人、保险公司双方共同确认,属保险公司单方制作,违背投保人投保财产保险的初衷,且明显不符合常理,故发生保险事故后保险公司向投保人出具的保险单中关于财产基本险的条款对投保人、被保险人不具有约束力。

案例评析

本案中,保险机构要求投保人使用手机进行投保,在不同用户操控智能手机的能力有所差别的现实情况下,保险机构可以指导投保人进行操作,并按法律规定向投保人出示保险条款内容,同时对应当履行说明义务的条款进行说明。在司法实践中,若保险机构未提供上述保险条款或未有以其他形式向投保人送达保险条款并对条款内容进行说明的相关证据,司法机构对保险机构提出的投保人已经知晓保险合同条款内容及保险机构已经履行说明义务的主张采信比较困难。根据《管理办法》第33条规定,保险机构应完整记录和保存互联网保险主要业务过程,包括产品销售页面的内容信息、投保人操作轨迹、保全理赔及投诉服务记录等,做到销售和服务等主要行为信息不可篡改并全流程可回溯。因此,保险业务人员开展保险业务时,业务人员应确保投保人自行操作投保流程并知悉保险合同的具体条款,保险机构业务人员可以通过保留音像资料、指导投保人进行电子签名或以双方签订投保备忘录等形式留存相关证据。

案例三:消费者自行通过手机端 App 购买个人借款保证保险并签署了相关确认文件,该保险合同有效[①]

案情简介

2017 年 5 月 26 日、2018 年 8 月 27 日、2019 年 8 月 9 日,赵某某多次通过网络平台申请借款,并同时通过网络平台操作向某保险公司申请投保个人借款保证保险,填写《个人借款保证保险投保单》。《个人借款保证保险条款及费率》《保险条款说明及特别约定》《信用信息查询及使用授权书》《综合授权书》的客户签名处有赵某某的电子签名。保险公司也都向投保人赵某某出具了《个人借款保证保险保险单》。另查,2015 年 9 月 25 日,原保监会同意该财产保险股份有限公司试点使用个人借款保证保险条款、费率以及中小企业借款保证保险条款、费率。赵某某一审主张保险合同无效,退回保险费、退还服务费,一审法院认为其诉请缺乏法律及事实依据,不予支持,二审也未支持其上诉请求。

案例评析

本案中,赵某某通过手机 App 自主操作,相关合同上的签名均为其本人所签。赵某某作为完全民事行为能力人,具备了解签署文件内容,决定是否受合同约束的行为能力,也应知晓签字即代表对合同内容的确认,对其电子签名的文件应承担相应法律后果。付款确认书明确记载依据相关合同应支付的各项费用,赵某某亦在该确认书上签名,足以认定其知晓合同内容,并自主选择签订合同。除了设计互联网保险产品和 App 投保流程合规以外,

---

① 赵某某、某财产保险股份有限公司辽宁分公司等保险纠纷案,辽宁省沈阳市中级人民法院民事判决书(2022)辽 01 民终 3751 号。

保险公司应注意收集投保人签单过程中的个人确认信息的相关证据。

案例四：投保人委托他人代购买互联网保险产品，投保人自身也应对条款内容明确了解[①]

案情简介

本案中，被保险人肖甲同时也是保险投保人，肖甲通过雇主介绍认识案外人肖某，并以自己名义支付了300元现金保费后，通过肖某的手机在某保险网以电子投保的形式，购买了某公司发售的个人意外伤害和短期健康险通用险3份。事故发生后不久，被保险人肖甲因伤情过重离世，依照合同约定，贺某某、谭某某、肖乙、肖丙作为被保险人肖甲的母亲、妻子、儿子、女儿，是保险赔款的法定受益人。贺某某、谭某某、肖乙、肖丙认为，保险公司应当按合同约定全额给付被保险人意外身故的保险赔偿金；但保险公司认为，按照保险合同特别约定，被保险人因拆除废旧活动板房受伤，职业属于建筑工人中的拆屋、拆迁工人。该职业在职业分类表中属于五类职业类别，因此赔付限额为保额的20%。因此，本案例双方当事人的争议焦点为理赔时被保险人肖甲应归属于哪类职业的理赔标准，以及保险人是否对特别约定中的免责条款尽到提示说明义务。

据查，被保险人肖甲购买意外保险时的身份为农夫，但其是在工地上拆除废旧活动板房时倒地受伤致死。庭审发现，保险公司承保时虽向投保人和被保险人提供了六类职业不同比例赔偿标准，但没有将《职业分类表》向投保人送达，贺某某、谭某某、肖乙、肖丙也否认保险公司送达了《职业分类表》。保险公司代理人虽解释在某保险网平台界面上附有职业分类表的打开链接，虽然页面确有该链接，但保险公司如果不向投保人提示或说明，一

① 某财产保险股份有限公司深圳分公司与贺某某等保险纠纷案，湖南省湘潭市中级人民法院(2021)湘03民终1445号民事判决书。

般情况下投保人不可能主动打开该链接。至于某网络平台 App 平台界面上是否有链接,保险公司未说明。由此可见,投保人在投保时对被保险人从事哪些工作发生意外事故后会减轻或免除保险人的责任并不知晓,故受益人以保险公司对特别约定中的免责条款未尽到提示说明义务为由主张免责条款无效,要求保险公司承担保险赔偿责任。

案例评析

在本案中,尽管保险公司在设置投保流程的步骤时详细设置介绍了保险合同的条款内容,但对特殊条款的说明义务履行存在瑕疵(未向投保人送达《职业分类表》),导致投保人对重要的特殊条款理解不完全,因此该条款对投保人不具有约束力。保险公司在投保人投保时,应充分保证投保人和被保险人的知情权,包括对免责条款的具体内容(诸如被保险人从事何种工作时属于何种职业)主动说明提示。

在本案中还有一个值得注意的问题,即若投保人不熟悉线上操作平台而委托他人代为购买保险,受托人的身份如何认定。投保人主张,被保险人肖甲是通过肖某购买意外保险,而肖某收取了保险公司佣金,系保险公司的业务员,而肖某在为肖甲购买保险后没有对特别约定尽到提示说明义务,故特别约定不能成为保险合同的内容。保险公司主张,肖某非保险公司业务员,特别约定已在电子保单中载明,保险公司尽到了提示说明义务。法院最终认定,肖甲是在某保险网平台购买,该平台是任何人都可操作购买,无须有特定身份的人才能购买,从这一点看肖某不存在系保险公司的代理人的问题。肖某使用手机在保险平台上完成购买保险的整个过程,应视为投保人肖甲授权肖某代为办理其个人保险业务,肖某系肖甲的代理人,肖某在手机上获取的电子保单及特别约定,也应视为投保人肖甲已获取。结合保险监管机构对个人保险代理人的限制,本案中无法认定肖某为保险机构的个人代理人,因此消费者在实际购买保险产品或保险服务时若需要委托他人线上购买,需要确保自身了解了保险条款的具体内容后再决定是否购买,否则投保人需自行承担受托人的过错或故意导致投保人自身不知悉保险合同格式条款的风险。

案例五：疾病险类互联网保险产品更需要保险公司在设计条款和解释说明时尽到审慎义务①

案情简介

2019年12月28日，买某某向某财产保险公司投保“癌症医疗保险”，保险公司于2020年1月9日收取买某某保费471元并承保。保单内容显示，健康告知：本健康问卷必须由本人填写，履行如实告知的义务，对于上述投保时的告知询问，投保人均选择“否”。2020年8月，买某某被诊断为原发性左肺腺鳞癌骨脑转移Ⅳ期，驱动基因阴性，PD－L1阳性。经住院治疗，医疗费用经过医疗保险报销后买某某个人也实际支付了费用。保险公司经调查得知，买某某于2001年在周口市中心医院行胆囊切除术，于2017年因脑梗塞在郑州大学第一附属医院住院治疗，因此保险公司认为其未履行如实告知义务，主张解除保险合同，退还保费。

本案中，法院认为，根据《癌症医疗保险条款》的内容，投保人负有就被保险人的有关情况提出询问如实告知的义务，投保人故意或者因重大过失未履行前款规定的如实告知义务，足以影响保险人是否同意承保或者提高保险费率的，保险人有权解除本保险合同。本案中，保险公司在并未提供《个人健康告知书》的相关内容，其提供的投保单、投保须知等材料，并不足以证明《个人健康告知书》包含有桥脑急性或亚急性梗塞、胆囊切除术等需要投保人进行告知的事项；案涉保单为电子保单，在未经专业人员解释的情况下，无法认定买某某能够自行判断桥脑急性或亚急性梗塞、胆囊切除术与

① 某财产保险有限责任公司与买某某保险纠纷案，河南省周口市中级人民法院(2022)豫16民终1960号民事判决书。

“患有癌症”之间的关系,也无法认定买某某未告知其桥脑急性或亚急性梗塞、胆囊切除术的事实属于故意隐瞒或者重大过失未告知;且保险公司不能证明买某某所患癌症与数年前桥脑急性或亚急性梗塞、胆囊切除术之间存在关联,保险公司以买某某未尽到如实告知义务为由,主张不应承担保险责任,法院不予支持。

案例评析

在疾病险的有关互联网保险产品中,对被保险人的有关情况的问询需针对性具体疾病类型设置尽可能详尽的调查问卷,对被保险人的身体情况逐条询问核实。同时,保险公司在设置调查问卷和核赔时需要对条款内容审慎审核,不仅需确保审核充分,还需要保证对投保人的身体情况与疾病之间存在一定的联系,询问的结果是需要确保在正常人能理解的情况下,投保人须对该情况和疾病有因果认知。在线上进行操作时,操作页面应设置为需投保人逐条对相关问题进行回答,不得设置为可选择性的阅读界面,必要时需对部分问题与疾病的因果关系进行充分的解释说明,确保投保人理解所有条款并履行如实告知义务。

案例六:互联网保险公司销售保险卡产品存在合规风险①

案情简介

本案中,以鞍山市某物流运输有限公司作为投保人为包括胡某某在内的 3 人作为被保险人在保险公司投保了某团体意外伤害保险。2019 年 12 月 1 日上午 7 时左右,司机胡某某驾驶辽 C×××××重型半挂车,开车门

① 胡某某与某人寿保险股份有限公司河北分公司保险纠纷案,辽宁省海城市人民法院(2020)辽 0381 民初 6829 号民事判决书。

下车时脚绊了下,从车门摔了下去,右胳膊摔伤。理赔阶段,保险公司以“投保的是大车司机的座位险,保障范围是交通事故,胡某某的情况属于意外摔伤,不是交通事故不在保险责任范围内”为由,不予理赔。同时保险公司声明,保险单在特别约定部分已经明确写明:本保险方案仅承担被保险人在驾驶或乘坐保险单中所列车牌号或车辆识别代码的机动车。机动车辆时因遭受交通事故导致的意外身故,意外伤害伤残,意外伤害、烧伤、意外伤害医疗费用补偿、意外伤害住院定额给付的责任,已经明确向投保人作了告知。

法院认为,保险公司提供的保险条款为格式条款,本案的保险合同是互联网保险业务,即保险公司委托代理商出售保险卡,鞍山市某物流运输有限公司购买该保险卡通过网上在线操作来激活该保险合同。被告保险公司出售给该物流运输公司的保险卡上并没有关于免责条款的提示与提醒,且庭审中保险公司也未向法庭提交该物流运输公司激活该保险卡的相关交易信息和细节,亦未向法庭提供激活案涉保险业务的常规操作流程中存在对免责条款进行明确告知的相关证据,故保险公司的辩称法院不予支持。

案例评析

保险卡的销售不同于传统的线下销售保险,保险卡实际上仅仅是互联网保险销售的现实载体,其本质依旧是互联网保险产品,投保人通过购买保险卡后线上操作激活并购买相应的保险产品。在保险卡的销售过程中,作为保险人的保险机构需要严格把控保险卡的销售环节,保险卡销售人员不得以虚假宣传、夸大保险卡利益、隐瞒风险等方式误导客户购买保险卡。若由保险机构业务人员直接销售,在销售环节应该以口头或书面形式履行条款说明义务,明确告知客户有关保险卡的相关费用、保险责任、投保人权益等,及时披露该保险产品的相关信息和特别条款,并确保销售行为和销售文件的真实、准确和完整;若业务人员无法直接当面或以书面形式通知投保人,则在保险卡激活阶段应设置对保险条款的介绍,对特别条款尤其是免除保险人责任的条款需重点强调。保险卡销售涉及一定金额的支付和交易,因此可能涉及反洗钱合规要求，保险公司应遵守反洗钱相关法律法规和内部规定，制定合规的客户身份识别和交易监测控制措施，防止保险卡销售被用于洗钱等非法活动。保险卡的推行能够极大拓宽保险产品的销售渠道，但互联网保险产品属于特殊商品，在保险监管机构对互联网保险业严监管的环境下，新型销售渠道的创新需保持审慎，公司管理层应高度重视合规风险，增强风险意识，并及时作出调整和改进，避免不合规的风险。

第五节　互联网保险合规建议

互联网保险的发展，有效减少了保险行业的运作费用，丰富了保险行业的运作模式，给予客户更多的选择，但不可忽视的是，在互联网保险服务快速发展的过程中潜藏着许多合规管理风险问题。针对关键性的合规问题，建议从如下方面夯实业务合规工作。

一、重视互联网保险产品开发设计的合规管理

互联网保险机构对于保险产品的设计需要满足保险监管机构的监管规则；在进行保险种类或范围创新时需及时向保险监管机构申请批复；在对保险合同的条款进行设计和发布时也需符合监管规定，包括产品的透明度、费用安排、风险提示等方面，确保产品设计不涉及非法或高风险的投资方式。例如，原保监会曾就某财产保险股份有限公司的个人借款保证保险发布了关于中国某财产保险股份有限公司个人借款保证保险、中小企业借款保证保险条款和费率的批复，同意该保险公司的试点行为，在保证保险产品本身合法合规的基础上，该保险公司才能将这一产品推广至线上销售。

二、健全互联网保险运营的合规管理体系

结合法律规定和司法案例，在互联网保险业务开展过程中，容易引起法律纠纷的主要在于保险人在互联网保险产品或服务的流程中是否履行了相应义务。保险机构应对互联网保险产品或服务运营整个操作流程的合规性进行严密管控。例如，《投保须知》《保险条款》《保险服务协议》等内容需设置为必读页面并设置强制阅读时间，特别条款尤其是对保险合同中免除保险人责任的条款，保险人在订立合同时应当在操作页面、投保单、保险单或者其他保险凭证上作出足以引起投保人注意的提示，并对该条款的内容以书面或者口头形式向投保人作出明确说明。如涉及健康、疾病类保险，保险机构则要对需投保人如实告知的内容进行逐条询问和核实，确保投保人充分阅读并知悉相关条款的内容。

三、继续完善保险销售可回溯制度

2017 年原保监会发布了《保险销售行为可回溯管理暂行办法》，为规范保险销售行为，维护保险消费者合法权益，促进行业持续健康发展提供了制度规范。尽管如此，对互联网保险销售行为的规范仍需要进一步完善。根据该办法，保险公司的互联网保险销售行为回溯是指保险机构通过销售页面管理、销售过程记录等方式，记录操作信息并最终保存在其网络平台上销售保险产品的交易行为。投保人、被保险人在销售页面的操作痕迹应该被保险机构妥善记录和保存，这些操作痕迹至少应当包括投保人进入和离开销售页面的时间以及投保人、被保险人在销售页面填写或点击的相关内容和时间等。回溯管理制度对于规范互联网保险销售行为发挥了重要作用，但在《个人信息保护法》实施后回溯管理制度则需要进一步细化。投保人、被保险人的操作轨迹中包含许多个人信息，甚至包含了指纹、面部信息等诸多敏感信息，按照《个人信息保护法》的规定，处理这类信息需要个人的同

意。如投保人或者被保险人不同意保险人以回溯管理为目的处理自己的个人信息时,保险人对操作进行记录与《个人信息保护法》规定存在冲突。互联网保险销售回溯制度有必要进一步完善,作出更详细、更具操作性的规定来化解矛盾。①

四、加强互联网舆情风险监控与预警

互联网销售模式的重要特点是宣传范围广泛,传播速度块。而这一特点也会产生不可控的舆情风险,所以应建立舆情监控机制,并通过运用大数据和人工智能技术,对涉及公司的合规问题和舆论情况进行实时监测和分析,及时发现和分析风险点并予以管控。针对潜在风险点,保险公司要设置风险预警机制和应急方案,及时采取措施应对风险,在确保解决相应问题时也应当注意持续把控舆情导向,做好相关公关工作,将舆情影响降到最低。

① 参见王永娜:《互联网保险中保险人说明义务研究》,载《现代商贸工业》2023 年第 17 期。

CHAPTER 05

第五章

保险中介合规

保险中介机构包括服务于保险人或投保人,在保险人和投保人之间充当保险媒介,将保险人和投保人联系起来并建立保险合同关系的保险代理人和保险经纪人,也包括独立于保险人与投保人、被保险人、受益人之外,以独立第三方身份接受保险合同当事人委托或相关机构指派办理保险公估业务的保险公估机构。保险中介机构是连接保险公司和广大投保人、被保险人、受益人的桥梁和纽带,是保险业服务社会的窗口,也是保险业的重要组成部分。作为保险销售的“主力军”,保险代理人、保险经纪人组成的保险中介市场贡献了我国保险业大部分保费收入。但是随着保险中介市场的繁荣,特别是互联网平台业务的迅猛发展,保险中介市场原有的和新发的问题也开始凸显。近年来兴起的形式各异的第三方保险服务平台,未经批准非法从事保险业务活动的新闻层出不穷,给保险市场正常经营秩序带来了负面影响,给保险机构及保险客户都造成了损失。因此,从现实需求来看,对保险中介机构的业务合规进行全面细致的分析并探究相应的对策显得十分必要。

根据《国际金融报》[①],2021 年度原银保监会对保险中介机构开出的罚单罚金总额为 4860.56 万元,其中个人罚金、公司罚金分别为 871.8 万元、3788.76 万元,占比分别为 17.9%、82.1%,主要的违法违规情形为利用业务便利为其他机构和个人牟取不正当利益;编制、提供虚假报表;未按规定报送有关报告、报表、文件和资料。从这些处罚数据也可以窥见保险中介市场存在的问题较多。从原银保监会开出罚单的内容来看,保险中介机构的问题主要包含通过虚构中介业务等方式协助保险公司套取费用、销售未经批准的非保险金融产品、给予投保人合同约定外的利益、虚增执业人员和委托无证执业人员开展保险销售活动以及未按要求对职业人员进行信息登记等。

我国保险业实施专营制度,只有经保险监管机构批准的保险公司、保险代理人、保险经纪人、保险公估机构等持牌保险机构方能经营保险业务,并且保险机构必须在保险监管机构批准的相应保险机构各自的经营范围内开展保险业务。但在互联网平台迅猛发展的背景下,实践中发展出一些未经批准从事保险业务的机构,打着"保险中介"或"技术服务"等旗号,非法从事保险业务;甚至有一些以"保险中介"或"技术平台"的名义开展保险业务的机构根本未真正开展保险中介业务,而是通过所谓的保险中介平台以非正规的手段协助保险公司或保险公司内部员工非法套取佣金等费用,并从中赚取违规利润,损害保险市场正常经营秩序。

另外,随着互联网平台的迅猛发展,第三方平台和自媒体保险中介渠道准入门槛低、发布主体杂、在保险客户中影响力越来越大,成为一段时间以来保险销售违规、传播虚假不实信息传播的"重灾区"。除此之外,第三方网络平台和自媒体渠道通过各种形式给予投保人额外利益的现象层出不穷。保险公司从主观和客观上对保险中介机构监管都存在困难,监管不到位,给保险公司和保险客户都带来风险。保险中介机构的业务合规管理成为保险业务合规管理重要组成部分,也是当前治理保险业乱象的重点问题之一。

---

① 参见国际金融报:《2021 年保险业开出 2191 张罚单、罚款 3.12 亿元,涉 292 家保险机构》,载中国经济网,http://finance.ce.cn/insurance1/scrollnews/202201/06/t20220106_37233643.shtml。

第一节　保险中介合规概述

随着保险业务在金融行业内的不断发展，为防范未经批准从事保险业务和经批准的保险中介机构通过中介市场违法违规开展业务，导致系统性金融风险，保险中介市场一直处于金融监管的高压区。

在保险代理人方面，2019 年 8 月 23 日原银保监会发布了《商业银行代理保险业务管理办法》（部分失效），该办法对开展保险中介机构代理保险业务中的禁止行为进行了明确规定，规定商业银行及其保险销售从业人员需要严格遵守相关条款，并对违反相关规定进行保险代理所应承担的法律责任进行了规定。2019 年 12 月 30 日，原银保监会并发布了《关于推动银行业和保险业高质量发展的指导意见》，明确提出“新型保险中介市场体系”的概念，提出银行业和保险业合作发展的合规发展模式。

同时，保险监管机构对保险代理人的从业人员的监管制度也顺应而生。2020 年 11 月 12 日，原银保监会发布《保险代理人监管规定》，对原保监会 2000 年发布的《保险兼业代理管理暂行办法》（已失效）、2015 年发布的《保险专业代理机构监管规定》（已失效）、2013 年发布的《保险销售从业人员监管办法》（已失效）等保险代理人相关规定进行了归纳总结，统一对保险代理人的市场准入、经营规则、市场退出、监督检查和法律责任等事项进行了明确规定，尤其是完善了保险从业人员的资质审查和管理制度，为我国专业保险代理人制度的建设奠定了法律基础。随着保险中介业务和互联网保险销售模式的不断发展，独立个人代理人也逐渐在保险市场出现，原银保监会为完善市场监管体系在 2020 年 12 月 23 日发布了《中国银保监会办公厅关于发展独立个人保险代理人有关事项的通知》，对独立个人保险代理人市场定位、基本条件、业务规范和保险公司甄选独立个人保险代理人的标准、机制以及管理要求进行了明确规定。

在保险经纪人和保险公估人方面，2018 年 2 月 1 日原保监会发布《保险经纪人监管规定》《保险公估人监管规定》,首次以部门规章的形式系统地规定了保险中介机构在业务开展过程中需要遵循的合规管理要求。原保监会这两部监管规定作为监管机构对保险中介机构行为监管的基石,较为详细地规定了保险经纪人和保险公估人的经营条件、经营规则、市场退出、监督检查和法律责任等事项。2018 年 4 月 27 日,原银保监会发布并实施《关于放开外资保险经纪公司经营范围的通知》,允许符合条件的外资保险经纪公司在中国境内开展业务,中国保险业进一步对外开放,但外资公司想在境内开展业务,仍需要完善相应的变更手续并遵守国内的监管要求。2018 年 5 月 2 日,保险监管机构为规范保险公估业务活动中各环节的合规性,发布了《保险公估基本准则》,要求保险公估机构从业人员在从事公估业务活动时,需要确保独立调查,严格履行公估程序,出具合法合规的保险公估报告,并需制定真实完整的保险公估档案管理制度。2021 年 12 月 3 日,原银保监会办公厅发布《中国银保监办公厅关于明确保险中介市场对外开放有关措施的通知》,进一步扩大了外资公司准入境内保险中介市场的范围。

在保险中介市场治理方面,为开展保险中介市场乱象的整治专项工作,原银保监会先后发布《2019 年保险中介市场乱象整治工作方案》《关于坚决杜绝保险机构及从业人员违规销售非保险金融产品的通知》等规定,强化保险公司对保险中介机构及其从业人员的监管责任,明确提出了保险中介机构内部展业的专业性和合规性监管要求,列明了保险中介业务的禁止行为,并对网络平台的宣传销售和展业乱象进行了重点整治。

综合来看,我国已经初步完成建设保险中介市场的任务,以保险代理人、保险经纪人和保险公估机构为基础的保险中介市场亦已基本建成。但面临保险中介市场以往的老问题和互联网、金融科技迅猛发展时代背景下的新问题,保险中介市场的合规风险仍然相对突出,治理之路任重而道远。

第二节　保险中介机构主体与业务合规

一、机构合规

(一)机构持牌

我国目前实行金融业务专营制度,未经批准不得经营金融业务,根据《保险法》的规定,我国境内保险业务由依照《保险法》设立的保险公司及法律、行政法规规定的其他保险组织经营,其他单位和个人不得经营保险业务。根据原银监会 2021 年 4 月 28 日发布的《银行保险机构许可证管理办法》,保险代理集团(控股)公司、保险经纪集团(控股)公司、保险专业代理公司、保险经纪公司、保险兼业代理机构等保险中介机构应取得保险中介许可证方能开展保险中介业务。原银保监会 2020 年 11 月 12 发布的《保险代理人监管规定》、2018 年 2 月 1 日发布的《保险经纪人监管规定》和《保险公估人监管规定》以及 2021 年 10 月 28 日发布了《保险中介行政许可及备案实施办法》对保险代理人、保险经纪人、保险公估人等保险中介机构许可、备案进行了明确规定,只有经保险监管机构许可的保险代理人、保险经纪人和经保险监管机关备案的保险公估人方才可以从事保险中介业务,其他任何单位和个人不得从事保险中介业务,机构必须持牌经营。

近年来,一部分非经许可或备案的互联网平台或理财顾问公司、投资管理公司、物流公司、航空服务公司等非保险类企业或行业协会存在以技术创新或服务客户的名义从事或变相从事保险经营活动的问题。部分保险公司或保险中介机构对于与其合作的其他机构也存在资质审查不严格和未切实施行市场准入条件导致事实上发生与非法经营保险业务的未经批准从事保险中介业务的其他机构合作的问题,甚至形成黑色保险产业链。事发以后,不仅非法经营保险业务的单位或个人需要承担法律责任,持牌的保险机构也会因审查不严与没有资质的单位或个人合作而需承担法律和监管上的责任。

保险中介机构应依法具备持牌的要求,取得相应的许可或备案,并在许可或备案的范围内开展相应的保险中介服务。保险公司、保险中介机构等保险业务持牌经营者与其他机构合作前应对合作机构的资质进行严格审查,避免与没有取得许可或备案的其他机构合作为绕开保险监管机构准入监管提供协助或方便,从而造成法律风险。没有取得保险监管机构许可或备案的单位或个人不得从事保险中介活动。[①]

(二)人员持证

金融行业是一个高度专业和高度风险的行业,从事金融行业,不仅从业机构需要符合许可或备案的要求,从业人员也应取得相应监管要求的资质证书后方能从业。

我国法律法规对保险从业人员的资质要求主要在两方面:一方面是保险从业人员应当品行良好,具有从业所需的专业能力;另一方面是对从事保险销售、中介、公估等服务的人员实施从业资质授权管理。具体到保险中介机构,除了保险法有对保险销售人员、保险代理人登记管理制度的规定外,原银保监会发布的《保险代理人监管规定》《保险经纪人监管规定》《保险公估人监管规定》针对保险代理机构、保险经纪人、保险公估人的董事长、执行董事、其他高级管理人员、分支机构负责人选规定了任职资格核准制度或相关信息登记制度,并从任职资格、专业能力、丧失任职资格、临时负责人任命、重大信息的登记等多个方面对保险代理机构、保险经纪人、保险公估人的董事长、执行董事、其他高级管理人员和分支机构负责人的任职资格提出了要求;针对其他从业人员,提出了品行良好和具有从事保险代理、保险经纪业务、保险公估业务所需的专业能力要求,并明确规定了保险机构不得聘

---

① 《商业银行代理保险业务管理办法》第8条第1项:"商业银行经营保险代理业务,应当具备下列条件:(一)具有中国银保监会或其派出机构颁发的金融许可证……"

任或者委托的保险人代理人、经纪人的禁止情况和保险公估从业人员执业登记要求和执业过程中的权利业务，建立了执业登记制度，对保险公估人业务人员执业登记进行了规定，对不同类别的保险代理人、保险经纪人执业登记限制进行了规定。

所以，我国法律法规要求从事保险业务的保险公司和保险中介机构必须有保险监管机构许可或备案的机构资质，保险机构董事、执行董事、高级管理人员必须符合相关任职资格并取得相应的资格核准或登记，从事保险销售、理赔、中介、公估等服务的保险公司、保险中介机构人员并且需要符合从业人员的要求并取得相应任职资格。未经许可或备案的，未取得相应资格的人员，依法不能从事保险中介服务。尽管法律法规和监管有诸多规定，但当前保险中介市场违反相关规定的乱象仍层出不穷。

1. 未经许可或备案的机构从事保险中介业务

保险作为一个集体应对风险的社会风险管理机制的一部分，在保险业的发展过程中与互帮互助的社会互助制度有着紧密的联系。我国传统上的互助制度也是我们现代保险业的发展渊源之一，企业内部、行业内部和行业协会、地区、互助性协会等群体本身有着通过保险机制或类保险机制进行风险管理的需求和做法，这些群体或者是因为本身不可能符合我国保险法律法规规定的保险业务经营者的许可或备案资质，或者因为保险类业务不是主业而不愿意进行相关许可或备案，长期以来事实上从事一些保险或类保险业务。

随着我国互联网业和金融科技业的迅猛发展，互联网平台以软件技术为突破口，以大数据为基础，或者借助于原有保险机构的资质，或者以保险技术服务平台为由强势介入保险业务经营活动，金融科技创新对金融安全和保险消费者利益保护提出了严重挑战，成为一段时间以来我国保险业面临的最大合规挑战。虽然我国保险监管机构从适时审批设立符合资质的互联网保险平台的疏导政策和对 P2P 等金融科技平台的强力整治这两个方面同时发力，在将符合资质的互联网平台纳入保险监管体系的同时取缔了不符合资质的保险或类保险业务平台，未取得保险资质的保险中介机构非法从事保险业务的违法违规问题得到了暂时的处置,但鼓励创新和安全监管之间如何取得平衡,保险机构合规管理如何深化等方面的问题仍有待解决。

2. 保险中介机构从业人员不具备相应资质

据统计,我国保险产品销售绝大部分是通过保险中介进行的,保险公估机构在保险理赔的过程中参与度也越来越高,保险公司为适应互联网、大数据前景之下的平台化的发展方向,也越来越依赖与保险中介机构合作进行业务落地,保险中介机构的服务已经深入千家万户。也是在这个背景之下,保险中介机构实际从业人员明显比较庞杂,保险专业知识严重不足,并且有相当一部分实际从事保险销售、理赔等保险中介机构的从业人员在没有取得执业资质的情况下就开始从业,甚至有一部分从业人员本身就不符合保险监管机构规定的任职资格无法通过相应的专业资格培训和考试,给保险业务经营者和保险消费者的权益造成了损害,扰乱我国保险中介市场的正常监管秩序。如何对保险中介机构人员从业资质进行分级分类管理,让不同的从业人员针对性的取得相应业务资质,如何将全部从业人员纳入保险监管体系之下,保障保险业务经营者和保险消费者的合法权益仍是当前和今后一段时间内保险业务经营者和保险监管机构需要解决的问题。

3. 有资质保险中介机构及其从业人员违法违规经营

从近年来保险监管机构的处罚案例来看,有资质的保险中介机构及其从业人员违法违规经营问题还是比较突出。有些保险中介机构存在开具虚假发票,与保险公司业务人员共同违法套取手续费情况①;有些保险中介机构存在财务数据、监管报表造成现象,通过虚假业务量或从业人员数量等方式套取资金,甚至虚假保单进行骗保②;有些保险中介机构则存在未经授权

---

① 在对保险第三方机构处罚数据的不完全统计,迄今为止保险第三方机构出现最多的问题就是利用机构开设虚假发票进而与保险公司合作将手续费折现。保险专业中介机构中有 70 家机构收到监管部门的行政处罚,而在这些受处罚的机构中因此问题被处罚的就有 23 家,并且数据显示违规套取的费用高达 2096. 59 万元。

② 处罚数据来看,第三方中介机构还存在的一个重要问题就是财务数据、监管报表存在造假的现象,机构会通过虚构业务量或销售人员数量等方式从委托的保险公司处套取资金,而一些业务员会通过虚构手续费用获取更高额的佣金,更有甚者会私自刻印投保人单位的印章以虚构保单。

从事保险销售或理赔活动、进行虚假宣传、销售违规产品、非保险产品，欺骗消费者保险条款内容或者承诺消费者保险利益以外的其他利益，在投保和理赔阶段会存在篡改保险单据、代领保险理赔款，甚至涉嫌传销、非法集资、冒领保费或保险赔偿金等严重违法违规行为现象。如何对保险中介机构及其从业人员进行全覆盖、全流程的监管将成为今后一段时间内保险业监管的一个问题。

二、业务合规

（一）保险代理

保险代理人是我国保险销售和宣传环节的主力军，但作为保险公司授权的代理机构，保险代理人及其从业人员必须在保险公司授权范围内为保险公司代理指定业务，保险公司和保险代理人均应严格规范保险代理授权。实务中，部分保险代理人虽然已取得保险公司的授权，但严格在授权范围内从事保险代理活动的合规从业意识不够，保险公司对保险中介机构进行合规管理的意识也不够，导致保险中介市场中保险代理人的问题凸显，对保险行业带来了一些消极影响。有的保险代理机构向保险公司提供虚假的客户联系电话，代投保人签署投保单等投保材料，对保险产品作不实宣传，甚至违规承诺保证收益，不仅损害保险客户的权益，也损害保险公司的权益。

在保险代理人的监管中，保险公司作为委托人需要承担监管责任和专业能力培训责任。为了提高保险代理人的专业能力，保险代理机构需要建立专业能力评价体系和专业培训档案制度，保险公司对此具有实施和监管的责任。根据保险监管规定，保险公司应该确保保险代理人的资质、执业人员登记信息、违规行为等问题及时纠正。①

---

① 《保险公司管理规定》（2015 年修订）第 53 条："保险机构应当建立保险代理人的登记管理制度，加强对保险代理人的培训和管理，不得唆使、诱导保险代理人进行违背诚信义务的活动。"

1. 专业代理

专业代理公司拥有专业许可证和营业执照等相应手续，并且能够从事大部分保险业务[①]。但在开展销售保险产品的业务中，专业代理机构及其从业人员不得销售非保险金融产品，并且需要具备一定资质。

2. 个人代理

个人代理人应该严格在保险公司授权范围内开展保险代理活动，且只能在其授权的保险公司进行执业登记后才能开展业务。我国已初步建立独立个人保险代理人制度[②]。原银保监会 2020 年 12 月 23 日发布《关于发展独立个人保险代理人有关事项的通知》，对独立个人保险代理人的市场定位、应符合的基本条件、应遵守的基本业务规范和保险公司甄选独立个人保险代理人的规则流程和管理责任以及保险监管机构的监督管理均作出了较为明确的规定。根据相关规定，独立个人保险代理人需要取得保险公司的授权才可以从事保险产品的销售、协助承保理赔等活动，进行授权的保险公司也需要具有相关资质，如非保险金融产品的销售资质需由保险公司事先取得金融监管部门的审批。

3. 兼业代理

根据原银保监会发布的《关于加强保险公司中介渠道业务管理的通知》《商业银行代理保险业务管理办法》等规定，我国保险兼业代理机构可以由各类专业金融机构担任，利用专业金融机构原有业务场景参与到保险业务中，商业银行网点可以根据规定兼营其他一定数量的保险公司的保险代理业务[③]。相对于保险业，我国银行业发展一直处于持续之中，而且很长时间都是国有银行体制，社会大众对银行业的接受程度和信任程度普遍高于对

---

① 保险专业代理机构可从事的保险业务参见《保险代理人监管规定》第 41 条：“保险专业代理机构可以经营下列全部或者部分业务：（一）代理销售保险产品；（二）代理收取保险费；（三）代理相关保险业务的损失勘查和理赔；（四）国务院保险监督管理机构规定的其他相关业务。”

② 《保险代理人监管规定》第 39 条：“国务院保险监督管理机构对个人保险代理人实施分类管理，加快建立独立个人保险代理人制度。”

③ 《商业银行代理保险业务管理办法》第 39 条第 2 款：“除以上业务外，商业银行每个网点在同一会计年度内只能与不超过 3 家保险公司开展保险代理业务合作。”

保险业的接受程度和信任程度，商业银行兼业代理保险业务这一渠道具有丰富的客户资源，一定程度上可以通过银行渠道为保险销售提供信用背书，很长一段时间以来都是我国保险产品销售的重要支柱渠道。但银保业务渠道同时也是违规销售和手续费支付乱象重灾区之一，欺骗或隐瞒保险当事人、不履行如实告知义务、承诺保险合同额外的利益、强迫签订合同、非法取得保险费用等牟取不正当利益的行为仍时有发生，因此上述规定也对银行兼业代理渠道的业务开展提出了要求，商业银行在经营过程中应审慎区分保险产品和银行产品，不能进行混淆、捆绑销售①，不得利用金融消费者对银行业的信任混淆存款产品与保险产品的区别误导保险消费者投保保险产品。

保险监管机构对保险兼业代理机构的合规从业要求集中于以下几个方面展开：首先，关于准入条件。保险兼业代理主营业务不是保险业务，但是必须是依法成立的法人机构，必须持有许可证，并且由保险公司授权相关分支机构经营。其次，关于报告事项和信息披露义务。保险监管规定要求保险公司确保兼业代理人行为需在可监管范围内，同时需要设立保险代理业务负责人负责统筹兼业机构开展非主营业务。最后，关于退出机制。保险兼业代理机构在满足相关规定的情况下可以注销许可证，包括业务参与的退出流程。监管部门对保险兼业代理机构的违法违规行为设置了一定的惩罚机制，保险兼业代理人必须在合规的红线之上从事保险代理业务，不得触碰监管红线。

（二）保险经纪

保险经纪人则是为投保人服务，为投保人提供投保和协助理赔等服务收取佣金的机构，基于投保人利益提供中介服务。

1. 经纪业务范围

与保险代理人一样，我国对保险经纪人实行资质许可，保险经纪人取得许可证后方可开展相关保险经纪业务，还应及时在规定的监管信息系统进行登记和披露相关经营信息。保险经纪人业务范围主要包括保险投保阶段

---

① 审慎经营规则参见《商业银行代理保险业务管理办法》第49条。

为投保人制定投保方案,选择承保的保险公司,并进行投保手续的具体办理;保险理赔阶段,协助被保险人或受益人办理索赔的相关手续;再保险业务中的经纪活动;提供包括但不限于防范风险或风险评估管理的咨询服务等保险监管机构规定的其他相关业务。与保险代理人的监管规定类似,保险经纪人也不得向投保人销售或办理销售非保险金融产品,保险经纪人取得保险人经纪业务资质且从业人员取得相应业务执业登记方可由有资质的业务人员从事保险经纪业务。

2. 经纪业务开展

保险经纪人与客户签订书面委托协议前,保险经纪人需先向客户履行信息披露义务,主动向投保人说明保险经纪机构的性质和业务类型,向客户告知保险经纪人的基本信息、收费方式、关联公司及关联关系、客户投诉渠道等信息,并应在开展业务之前向客户出示从业人员从业的执业证书和其他身份证明。开展保险经纪业务需要与客户签订书面的委托合同,在保险经纪人与客户签署的委托合同中,应具体明确经纪服务的业务内容,确保客户了解其具体的权利义务。

在保险经纪人在为客户制定投保方案时,保险经纪人需要详细了解客户需求和投保风险,主动询问客户投保风险了解情况、重复投保情况、投保理赔情况等内容,在此基础上制定符合需求且有保障的方案。保险经纪人并应向投保人详细讲解投保方案的具体内容和风险分析,充分听取客户意见,与客户沟通协商后最终确认投保方案。

关于投保保险公司的选择,保险经纪人应向客户提供保险公司的承保水平评估,并根据客户选择与保险公司谈判。在办理投保业务时,保险经纪人需要向客户履行告知义务和合同条款讲解义务,还应协助投保人准备资料并提醒投保人及时缴纳保费,确保保险公司按时出具保单或保险凭证并及时转交投保人。

在保险合同期限内,保险经纪人应按照合同约定履行保全义务。若保险合同期限内保险合同相关条款情况发生变动,保险经纪人需要及时与客户确认并办理批改保险合同的相关手续。如客户选择退保或者更换保险公司,保险经纪人则需要向客户详细说明退保的损失和风险。如客户在保险合同到期前选择续保,保险经纪人应拟定续保的方案并向保险公司办理续保手续。如保险合同期限内发生保险事件,保险经纪人需要协助投保人、被保险人或受益人向保险公司提出索赔并办理相关手续。如果有客户投诉,保险经纪人应及时有效地处理客户的投诉意见并准确告知处理结果。

保险经纪业务开展过程中,相关业务人员应严格遵守相关法律法规的要求,不得发生要求保险公司或投保人提供额外的佣金或其他非法利益的行为、不得有以恶意手段损害竞争对手或扰乱保险经纪市场秩序的行为、不得有同违法从事保险业务的机构或个人产生保险经纪业务往来等禁止行为。

3. 再保险业务

保险经纪人开展再保险经纪业务时,需要符合法律法规和相关监管规定,并且需要与保险经纪其他业务相隔离①。保险经纪人从事再保险经纪业务,应当建立完整规范的再保险业务档案,至少应当包括下列内容:再保险安排确认书、再保险人接受分入比例。同样,再保险业务经纪人需要在系统上进行登记,将公司信息和相关业务信息及时登记。

(三)保险公估

保险公估业务在保险投保和理赔阶段均具有重要参考价值,在承保前后保险公估人可以评估检验保险标的风险,在保险标的出险后保险公估人可以参与对保险标的受损程度及残值估算并出具公估报告,还可以在保险公司设计保险产品阶段接受保险公司针对性的咨询。在开展业务时,保险公估人应遵守法律法规和保险监管机构的相关规定,严格把握保险公估的合规管理和风险管理。

1. 经营管理

在保险公估工作开展前签订委托合同阶段,保险公估人应向客户出具

---

① 《保险经纪人监管规定》第45条:"保险经纪人应当按照中国保监会的规定开展再保险经纪业务。保险经纪人从事再保险经纪业务,应当设立专门部门,在业务流程、财务管理与风险管控等方面与其他保险经纪业务实行隔离。"

告知书,向客户披露必要信息。委托合同签署相关手续齐全后,保险公估人应按合同约定指派具有相应公估事项资质的人员,按照合适的评估方法进行评估并出具合规的保险公估报告。保险公估过程中,保险公估人不仅应履行勤勉尽职义务规范完成公估报告,并且对客户违法出具虚假报告的请求应予以拒绝,以保持保险公估行为的独立、公开、公正。保险公估人不得与从事非法业务的保险机构或第三方中介机构签订保险公估委托合同。

除了开展公估业务时需要规范流程,保险公估人在机构内还需要建立配套监管措施,加强对机构内业务人员的业务合规培训和监督。公估机构应当建立公估档案,对已完成的保险公估业务进行存档管理①。保险公估人需要建立独立资金账户和账簿,用以管理保险公估业务收益,严格按相关法律法规和监管要求完善内部管理制度。保险公估人对财务状况的审计需要每一年度聘请会计师事务所进行审计,并将审计报告提交给保险监管机构审核。而为了防范职业风险,公估机构还应当创建职业风险基金或投保职业责任保险,职业基金需要每年缴存一定数额并且动用基金需要符合有关规定,职业责任保险应当确保持续有效并且赔偿限额也需要符合规定②。

2. 退出市场

保险公估人因为解散等原因决定停止经营活动,终止保险公估业务的,需要确保相关债权债务已经履行处理完毕。保险公估从业人员退出公估市

---

① 《保险公估基本准则》第27条:"公估档案应当包含以下内容:(一)保险公估业务所涉及的主要情况,包括委托人与其他当事人的名称或者姓名,保险标的、事故类型、估损金额等;(二)公估业务报酬和收取情况;(三)中国保监会规定的其他业务信息。保险公估人的公估档案应当真实、完整。"

② 《保险公估人监管规定》第61条:"保险公估人建立职业风险基金的,应当按上一年主营业务收入的5%缴存,年度主营业务收入增加的,应当相应增加职业风险基金数额;保险公估人职业风险基金缴存额达到人民币100万元的,可以不再增加职业风险基金。保险公估人应当在每年第一季度足额缴存职业风险基金。保险公估人的职业风险基金应当以银行存款形式专户存储到商业银行,或者以中国保监会认可的其他形式缴存。保险公估人动用职业风险基金须符合中国保监会有关规定。"《保险公估人监管规定》第62条:"保险公估人投保职业责任保险的,该保险应当持续有效。保险公估人投保的职业责任保险对一次事故的赔偿限额不得低于人民币100万元;一年期累计赔偿限额不得低于人民币1000万元,且不得低于保险公估人上年度的主营业务收入。"

场，需要及时注销在保险公估人处的执业登记。保险公估人若未及时提交年度报告，保险监管机构可以对公估人的违规行为进行公示，保险公估人的经营状态将处于异常状态。对于开设分支机构的保险公估机构，分支机构的经营管理也处于保险监管机构的监管之下，若存在严重违反法律法规或监管要求的行为，分支机构将有被强制退出市场的风险。

3. 行业自律

《保险公估人监管规定》中对保险中介行业自律组织进行了规定，这一自律组织的建立是对保险中介机构和从业人员建立内部监管。在自律组织内部需要建立会员管理制度并做好监管保障工作，保险行业协会还需要建立对人员管理和行业约束的密切联系，共同构建保险行业各类机构及其从业人员的信用评价体系。除了对保险公估机构具有监管要求，中介机构行业组织对保险中介市场的发展也可以发挥组织管理的重要作用，可以组织认定保险公估从业人员资质的考试，组织行业交流和深入研究等行业活动，保险公估行业内部建立交流平台，与保险行业其他领域的行业自律组织建立沟通机制，促进行业内和行业间的合作与交流。

第三节　保险中介合规案例评析

案例一：相互宝业务因缺乏监管被要求关停①

案情简介

某集团于 2018 年推出了相互宝产品，但是于 2022 年 1 月通过公告宣布关停。在相互宝关停后的 2023 年 7 月 7 日，监管部门依法对某集团及旗下

① 参见中宏网：《被罚 71.23 亿元，蚂蚁集团回应》，载微信公众号“中宏网”2023 年 7 月 7 日，https://mp.weixin.qq.com/s/Htj28NnNrwWDIy6zvxoCZw。

公司处以罚款,并要求"某集团关停违规开展的'相互宝'业务,并依法补偿消费者利益",再一次提及相互宝业务的关停问题,并要求赔偿消费者损失。

基于风险共摊的原则,通过互联网将个人互助保障理念传播给更多人。相互宝通过线上平台,将参与成员的资金汇集起来,用于共同承担风险并提供互助保障。基于支付宝的大量用户,这一模式在上线初期迅速发展到数亿用户,也确实有很多成员通过相互宝平台得到了救助。但是随着业务的逐渐发展,加入成员增多,导致分摊金额变高,消费者理赔难度升高,加上其业务开展和赔付账号不在保险监管机构的监管体系中,合规管理风险较高。

就相互宝的发展模式和业务开展流程来看,相互宝具有商业保险的特征,但是这一产品并未事先经保险监管机构批准也未纳入保险监管机构的监管体系,并且业务运营主体也并非保险行业持牌的保险机构。2020 年 9 月,原银保监会发布《非法商业保险活动分析及对策建议研究》称,"相互宝、水滴互助等网络互助平台会员数量庞大,属于非持牌经营,涉众风险不容忽视,部分前置收费模式平台形成沉淀资金,存在跑路风险,如果处理不当、管理不到位还可能引发社会风险",对这一模式的讨论结论表明这一产品已经受到了保险监管机构的关注,也预示了这一业务的关停危机。

案例评析

相互宝最初命名为"相互保",是某集团与某人寿相互保险社合作上线的产品,对这一产品的定位也是将其打造成在监管框架下的合规的大病互助方案,从保险产品视角来看,相互宝事实上对应的是人身险中的团体重疾险。随着各种质疑和监管风声渐起,为了与保险产品做区分,避免被定性为非法经营保险业务的合规风险,主办方将"相互保"改名为"相互宝",并由某集团独立运营。相互宝作为网络互助平台,与传统保险行业不同,其机构、产品、业务及从业人员均不受现行保险监管机构的监管,没有政策支持也没有监管限制,仅依靠企业集团单独管理,试图通过一系列的合同约定创造出一个独立于当前保险监管体系之外的有别于保险产品的产品。虽然这一机构以减少平台抽成,直接互相分摊风险作为宣传卖点,但是缺乏行政监管仅依靠商业平台的现实极容易滋生资金问题,而保险公司及相关机构能够做到刚性兑付正是因为其有完善的运营模式和强监管环境,从机构、产品、业务流程和从业人员均有监管要求。现代保险行业已经经历了成熟的发展进程,市场和监管都已经找到了盈利和保障的平衡点,随着保险意识的觉醒和增强,保险行业的创新也需要经受住保险监管机构监管和市场竞争的双重考验。

案例二:两保险中介机构因宣传“首月0元”“免费保障”的保险产品遭受监管机构处罚①

案情简介

2021年11月9日,两家保险经纪公司均因宣传销售“首月0元”“首月3元”的保险产品被保险监管机构下达行政处罚书,对其中的一家某水滴保险经纪公司(以下简称水滴公司)处以罚款100万元,而对另一中介机构某微医保险经纪公司(以下简称微医公司)处与罚款10万元,对两家公司的负责人员都予以了警告和罚款处罚。目前“首月×元”的销售模式全行业已经停止。

根据行政处罚书显示,水滴公司在2018年6月至2019年6月利用微信平台公众号平台和App平台进行销售财险保险产品,涉及个人住院综合医疗保险、老年综合医疗保险、人身意外伤害保险、住院综合医疗保险2017版B款4款产品。根据在保险监管机构备案的产品信息,个人住院综合医疗保险、老年综合医疗保险每期缴纳保费应相同。但在实际销售时,水滴公司实行的方案是:第一期的保费按照“首月0元”或“首月3元”的标准收取,而第

① 原银行保险监督管理委员会发布的银保监罚决字(2021)36号行政处罚决定书、银保监罚决字(2021)37号行政处罚决定书。

一期保费少收取的部分则放在剩余分期中额外收取。而水滴公司在2019年3月至9月,售卖另一保险公司的综合医疗保险时,同样按“首月3元”收取首期保费,而该保险产品在保险监管部门的备案中仅表述该产品的费率为“按月缴费(首月投保0元,其余分11期支付)”。

微医公司也因违规销售该类产品收到的行政处罚,微医公司通过微信公众号平台销售“大家帮百万医疗险”产品,宣传销售页面列示“首期0元”或“首期3元”等内容。根据承保的保险公司在监管机构的备案,该产品的保费计算方式分成按月缴费(12期)和一次性全额缴纳两种,按月缴费的缴费标准也是将全部保费平均到每个月,不存在首月不需要缴费或只需缴纳3元的情况,而微医公司实际销售的保险产品均与备案信息不符,属于“未按照规定使用经批准或者备案的保险条款、保险费率”。

案例评析

从产品本身、监管要求、营销方式三个方面看,保险经纪公司销售上述违规保险产品都存在较大的风险。“首月0元”“零首付”“免费保障”“抽奖获取”等宣传方式都是以首月优惠的表现隐瞒了整体保费不变的事实,实际上是将首月优惠金额分摊至后期应付保费,并不符合其宣传的优惠政策,未产生实际优惠。保险经纪公司利用这一营销模式销售保险产品,将会存在不完全披露保险产品信息、片面引导消费者等问题,而且这一模式会导致消费者仅关注了保费优惠,忽视了保险方案、保险责任等重要条款,侵害了消费者的知情权和自主选择权,针对这一乱象,原银保监会消保局专门发出《关于防范保险诱导销售的风险提示》。从监管要求看,保险经纪公司销售的保险产品业应按照要求报请审批和备案,而本案中的保险经纪公司开展业务所使用的保险条款不符合批准或备案的标准,属于违规展业行为。

案例三：保险经纪公司与保险公司存在账外佣金将会导致利益输送等违法违规问题，保险经纪公司或将面临监管处罚①

案情简介

某保险经纪公司与某保险公司签订《经纪业务合作协议合同》并多次续签，约定自2015～2018年期间，保险经纪公司与保险公司达成合作，由该保险经纪公司代理保险业务，保险公司依约支付经纪佣金。但除了《经纪业务合作协议合同》的书面约定外，该保险经纪公司与保险公司某地营业部另有口头约定，除了按合同约定支付相应款项外，该保险公司营业部还需支付额外的账外费用给该保险经纪公司。陈某系营业部的负责人，姚某与徐某系营业部职工，二人负责与保险经纪公司的业务往来。在《合作业务明细表》中，保险经纪公司职工王某与保险公司营业部职工姚某对账确认了自2016年1月1日至2017年3月31日的账外费用。本案的争议焦点为双方在合同之外是否存在账外经纪佣金、车船税费用的约定及该两项费用的数额问题。

关于是否存在账外佣金等费用约定。法院认为，虽然双方未签订书面合同约定账外经纪佣金等费用，但结合保险公司、保险经纪公司相应负责人与职工的谈话录音、签字表格、聊天截图、邮箱截图等证据材料，可以证实双方之间对于账外经纪佣金等费用确有约定。

案例评析

考虑保险监管机构对佣金比例的限制等因素，保险公司可能与中介机构约定账外佣金，该账外佣金往往脱离于渠道合作协议之外，由双方工作人

---

① 山东某保险经纪有限公司与某财产保险股份有限公司山东分公司济南营业部等保险经纪合同纠纷案，山东省商河县人民法院(2018)鲁0126民初1716号民事判决书。

员沟通确认,并以对账单的方式确认费用数额。由于账外费用缺少明确的合同约定,公司无法进行有效的合同管理和费用管理,容易引发争议,存在合规管理风险,还可能滋生利益输送和侵占行为。保险公司与保险经纪公司开展代理业务时,需要严格遵守相关监管规定,[①]若出现收取账外佣金等违规操作,保险公司将会被监管机构责令改正并处以罚款,情节严重的会导致保险公司被限制经营范围、吊销业务许可证等严重后果;业务主办人员和负责人员等相关人员也会面临警告处分和罚款,情节严重的还会导致撤销从业资格并被终身禁止参与保险行业活动。《保险经纪人监管规定》也对保险经纪人的相关违规行为进行了禁止规定,违反者也会面临监管部门的相应处罚。

案例四:保险分公司与保险经纪分公司签订合作协议需对佣金返还条款予以明确约定[②]

案情简介

2020年6月12日,保险公司分公司与保险经纪分公司签订《合作协议1》,第10条约定了佣金返还条款,即"在本协议有效期间内,对已纳入结算的乙方所销售的甲方保险产品,若第13个月继续率低于85%,甲方将不予支付乙方第13个月继续率奖金,且乙方须向甲方返回按下列计算方式计算的佣金"。

在《合作协议1》签订之前,保险公司分公司与保险经纪分公司于2015年5月15日还签订过《合作协议2》,保险公司总部也与保险经纪分公司于2019年5月9日签订过《合作协议3》。《合作协议2》《合作协议3》均未就上述第10条佣金返还作出约定,但均约定了"后协议义务",即在乙方无违

---

① 《保险公司中介业务违法行为处罚办法》第14条规定:"保险公司及其工作人员不得通过保险代理人、保险经纪人给予或者承诺给予投保人、被保险人、受益人保险合同约定以外的保险费回扣或者其他利益。"

② 某人寿保险有限责任公司浙江分公司、某保险经纪有限公司浙江分公司等保险经纪合同纠纷,浙江省杭州市上城区人民法院(2021)浙0102民初8453号民事判决书。

约行为的情况下协议终止的,乙方有权在终止后依照约定继续获取协议有效期间促成的甲方保单的续年度佣金、继续率奖、续年度服务津贴。

另外,在《合作协议1》签订之前,2020年6月9日,保险经纪分公司员工项某就第10条佣金返还条款与保险公司分公司行销部员工张某通过微信进行询问,“佣金返还条款是指从本协议合作开始的保单,还是以前保险公司浙分的保单也要受此继续率限制?”张某是该保险业务的主要对接人员,其回复“以前的保单按以前的协议结算”。

本案的争议焦点为《合作协议1》签订前已经促成的保单是否适用协议第10条新增的“佣金返还条款”。本案中,第一,关于争议“佣金返还条款”如何解释的问题。法院认为从文意解释上来说,第10条可以理解为协议签订后新促成的保单,也可以理解为协议签订前已经促成的,但第13个月在协议有效期内的保单。从体系解释上来说,第10条除约定了争议“佣金返还条款”之外,还约定了首年佣金和续年佣金、续年度服务津贴,从意思表示的连贯性考虑,第10条应适用于在协议有效期间内新促成的保单,更符合上下文的一致性以及合同条款的整体性。第二,关于案涉争议条款是否具有溯及力的问题。根据“法不溯及既往”的原则,在双方当事人没有明确约定的情况下,新签订的协议不应适用于已经发生的交易行为。第三,关于员工张某对“佣金返还条款”所作陈述的效力问题。从《岗位说明书》可以看出,张某承担了推动合同签订、合同履行的工作内容。根据表见代理的相关规定,保险经纪分公司有理由相信张某的陈述代表保险公司的真实意思表示,故张某对争议条款的解释有效。此外,案涉争议合同主要由保险公司方拟定,故保险公司应当对因合同约定不明导致的风险承担主要责任。

案例评析

当前保险业正在向高质量发展转型,保险公司在中介业务合作中亦应由“渠道为王”向“服务导向”转变,宜持续加强业务品质管理,保单继续率情况体现公司业务品质,继续率未达标情形下的佣金返还机制有利于规范中介机构的销售行为,宜在中介业务合作协议中体现。

在长期人身险中介业务合作中,实践中通常合作期限较短,保险公司和保险中介机构往往多次合作或签订多份合作协议,在每次签订协议之前均需特别注意新增条款的,根据“法不溯及既往”的原则,在双方当事人没有明确约定的情况下,新增条款不应适用于已经发生的交易行为。因此,一方如有新增的重要条款,或者希望该条款追溯至历史合同保单的,均应当在合作协议中明确约定,避免分歧。特别地,拟定条款的一方增加与对方有不利或重大利害关系条款的,宜更为注意。

司法实践中,公司员工(尤其是双方指定的项目负责人/对接人)的行为往往被认定为履职行为或表见代理,在合同签订、履行乃至发生分歧/争议的整个过程中,保险机构宜加强对参与员工的管理。

案例五:保险中介机构违规行为受到监管机构的处罚[①]

案情简介

2022 年 12 月 2 日,某保险经纪河南分公司因存在编制、提供虚假材料、未按规定建立业务档案、未使用独立佣金收取账户、委托无职业资格人员展业的违规行为,被三门峡银保监分局给予警告,并罚款 42.5 万元;直接责任人谢某奎被给予警告,并罚款 6.1 万元,共计罚款 48.6 万元。

案例评析

在保险市场中,保险经纪公司扮演着重要的角色,其在为客户提供保险产品和服务的过程中应遵守一系列的法规和监管规定。然而,一些保险经纪公司由于利益驱动或管理不善而违反了相关规定,给客户和市场带来了

① 三门峡银保监分局发布的三银保监罚决字(2022)7 号行政处罚书。

风险和不良影响。本案中，保险经纪公司提供虚假材料向保险监管机构备案，可能会误导客户的决策，并对市场信誉造成严重影响；未建立完整和规范的业务档案，未能记录和归档与客户的交易相关的重要信息，这会导致信息不对称、对账不准确以及无法提供证明等问题，降低了市场的透明度和有效性；未按照规定将客户支付的佣金收入存入独立的账户，且没有严格监管和管理佣金的使用，这种行为可能导致佣金的滥用和不当使用，影响佣金的安全和透明度，更有可能损害客户利益和市场秩序；未对展业人员进行合规性审查，委托一些无职业资格或不具备必要知识和技能的人员从事保险业务，可能导致保险销售的不规范和错误，增加了客户遭受不必要风险的可能性。某保险经纪的上述违规行为最终获得了巨额罚单，这一行政处罚书意味着监管机构将展开强监管模式。

这一案例的监管意义在于保护消费者权益、维护市场秩序和强化合规意识，确保保险行业的健康发展和服务水平提升。这一案例的处罚对其他保险经纪公司起到了警示作用，提醒经纪业务从业人员和公司履行自己的职责，加强合规意识和内部监管机制的建立，遵守相关法规和规定。通过处罚违规的保险经纪公司，保护消费者的权益和利益，消费者应获得真实和准确的保险产品信息，享受专业和合规的服务，而不受虚假宣传和违规行为的侵害。严惩违规者，有利于保持保险市场的公平竞争和规范运作，提升投资者和消费者对市场的信心。合规和透明的经营将有助于提高保险经纪行业的整体素质，增强行业的稳定性和可持续发展能力。

案例六：辽宁某保险经纪公司因超出承保公司经营区域展业、提供虚假材料等违法违规行为而受到处罚[①]

案情简介

2023 年 2 月 21 日，辽宁某保险经纪存在如下违法事实：超出承保公司

---

① 原银保监会大连监督局发布的大银保监罚决字(2023)12 号行政处罚决定书。

经营区域从事保险经纪业务;编制、提供虚假财务、业务报表;未按规定进行执业登记和管理;未按规定管理业务档案;未开立独立的佣金收取账户,原中国银保监会大连监管局责令其改正,给予警告,罚款41万元。

案例评析

保险公司开展业务具有限定的经营区域,跨区经营需要经申请并获得批准备案,保险经纪公司作为代理机构,还应当明确承保保险公司的经营区域范围,不得越界经营,否则将会受到保险监管部门的处罚。保险经纪公司应当保证财务报表和业务报表的真实性和准确性,不得提供虚假的财务信息,需要建立完善的财务管理制度,及时、准确地进行资金、业务收入和支出的记录和报告,也不得隐藏或瞒报业务情况。保险经纪公司还应当按照规定进行执业登记,建立健全的执业管理制度,包括备案登记、人员资质审查等,确保公司和从业人员的合法性和资质合格性。为了加强内部风险控制和合规管理,建立完善的内部控制体系,明确分工和责任,防范违规行为的发生,保险经纪公司应当设立合规部门和职能部门、完善内部审计和风险管理制度等。应当定期组织从业人员进行内部培训,提高其法律法规和合规意识,及时了解和掌握相关政策和规定。同时,与其合作的保险公司也应当对保险经纪公司进行定期检查和监督,发现问题及时纠正。监管部门对该公司的处罚进一步强调了保护消费者权益的重要性。保险经纪公司作为中介机构,应当充分履行责任,保护投保人的权益,提供真实、准确的信息,避免虚假宣传和误导消费者的行为。

第四节 保险中介合规建议

一、引导保险中介合规经营

近年来,中国保险中介市场得到较快发展,市场主体迅速增加,业务规模快速增长，市场体系初步建立，服务经济社会的能力有所增强，在促进保险产品销售、拓宽保险服务领域、完善保险市场机制等方面发挥了重要作用。但由于我国保险业起步晚、基础差，发展初期保险中介机构在经营活动中存在的各种违规现象必须引起高度重视。

（一）保险机构要履行管控责任

保险公司中介业务的违规行为已成为导致市场混乱的主要因素，它们不仅对部分保险公司的财务状况造成负面影响，还侵犯了消费者的权益，并对整个保险行业的声誉及长期发展造成了损害。第一，要强化保险中介合作的协议管理。当保险公司委托中介机构进行业务时，必须通过书面形式签订委托代理或保险公估服务等合同，明确双方的授权范围、代理的保险种类、手续费用比例、保费支付期限、单证核销流程、业务推广方式、双方的权利与义务以及违约责任等关键条款。这些合同内容必须遵守相关法律法规及监管机构的规定。保险公司不得与未获得相应业务许可的中介机构建立合作关系。第二，要强化保险中介业务管理。保险公司应加强对其所委托的保险中介机构及其业务人员业务宣传和保险销售及其他保险中介业务监督力度，及时制止、纠正违法违规行为，并对保险中介机构在开展业务宣传和保险销售等保险中介服务过程中的虚假陈述、误导销售、不如实告知说明、虚假报告等损害投保人、被保险人、受益人利益的行为依法承担责任，不得唆使、诱导、纵容保险中介机构从事保险违法违规行为。第三，要强化保险中介费用管理。支付给保险中介机构或个人代理人的手续费、佣金、服务费等费用，必须遵循保险监管机构的规定，包括支付对象、支付方式、财务处理、票据管理以及业务档案管理等方面。保险代理手续费、佣金、服务费等保险中介费用只能支付给具有合法资质的保险中介机构或个人代理人。保险公司和保险中介机构不能以直接冲减保险费的方式或以现金、现金支票或现金替代物等方式支付保险中介费用。保险公司需要持续监控并防范通过虚假批单退费、虚假保险理赔案件、营业费用贴补、应收保费虚挂、直接扣取保险费或债务抵消等替代支付等手段规避监管的行为，确保中介费用的支付手段透明合规。[①]

(二)保险中介机构要合规经营

保险代理机构和个人代理人是我国保险产品和保险服务销售的重要渠道,直接面对保险消费者,保险代理机构和个人代理人的保险销售行为合规能力在某种程度上决定了保险公司保险销售行为的合规水平;保险经纪机构代表投保人为投保人、被保险人办理保险投保活动和理赔活动,并为社会提供风险管理服务,保险经纪机构的合规管理水平同样在一定程度上体现了我国风险管理行业的合规管理水平;保险公估机构则是保险当事各方在保险投保和保险理赔方案的专业助手,保险公估机构的合规管理水平亦决定保险客户通过保险机制将不确定的风险转化为确定性危险的风险处置水平,对社会和经济稳定起到重要作用。保险中介机构的合规经营成为保险业合规的重要组成部分。保险中介机构应在宣传销售、单证管理、保费收支、客户数据、营业保证金或者投保职业责任保险等方面切实夯实合规义务。

(三)保险监管机构要加强监管

保险是一个强监管行业,涉及千家万户,保险监管机构对保险公司和保险中介机构进行有效的保险监管是我国保险中介市场平稳健康发展的重要基础。我国保险业发展总体上仍处于初级阶段,互联网和金融科技的迅猛发展又对保险合规外部监管提出挑战,如何在金融安全、保护消费者权益和鼓励创新之间找到平衡是世界各国保险监管机构都面临的问题。发展是第一要务,保险监管的根本任务在于通过合规监管促进我国保险业快速平衡健康的发展。除了要求保险中介机构加强内控管理、优化内控节点之外,保险监管机构也需要根据新形势新问题提出新的合规监管理念,为保险公司和保险中介机构提供富有前瞻性的合规管理指引和合规评价指标体系,建

---

① 参见毛路、陈建民:《保险中介机构违规经营现象及对策分析》,载《上海保险》2011 年第 3 期。

立保险市场合规风险监测预警体系，及时发现合规问题，防范保险系统性风险和大面积侵害保险消费者权益的事件发生。

二、夯实保险中介机构内控

（一）保险中介机构法人治理

加强保险中介机构的法人治理建设，首先要解决吸引社会力量进入保险中介机构推动保险中介市场发展和坚持保险保障功能防止借用保险进行投机投资的问题，对于不参与公司业务经营和管理的纯粹财务投资类投资人可以适当放宽投资资格，对于参与公司业务经营和管理的投资人或影子投资人要加强资质管理，让有能力且合规经营保险业务的投资人进入保险中介行业，让符合资质的人担任保险中介机构董监高等高级管理人员职务，从保险机构治理机制上为合规管理建立基础。

（二）保险机构内部合规管理

在保险中介机构业务管理、财务管理、信息披露等层面，必须加强合规管理责任，通过制度和流程来规范分支机构高级管理人员的经营决策行为。为了提升合规管理的效果，也需增强对分支机构的内部审计和实地现场检查，通过改进流程和集中资源，达到覆盖整个业务流程的全面合规管理。

（三）保险中介机构人员管理

合规管理关键是对从业人员的管理，除了建立合规制度和流程外，增强从业人员的合规意识，加大培训力度和检查力度也是保险中介机构合规管理必须要进行的。保险中介机构可以通过合规宣讲、合规考试、警示教育、职业道德和业务知识培训等多种形式，提高各级各部门从业人员的综合素质，强化从业人员的合规意识，用“形式合规”实现“实质合规”。[①]

① 参见滕越：《保险中介分支机构内控管理现状及对策》，载《时代金融》2016年第11期。

CHAPTER 06

第六章

客户个人信息保护合规

保险是一种分散风险，补偿损失，将单个不确定的风险转化为大数之下的确定危险，进而对危险进行防范和管理的经济保障制度。保险业务经营本身并不能消灭风险，只是应用大数法则，把不确定的数量关系向确定的数量关系转化，其经营的核心基础是通过大数法则将同类保险标的在一定时期和一定范围内的同类危险可能产生的整体实际损失与整体预期损失的误差控制在可以控制的范围内，通过风险防范和危险处置进而对风险进行管理。所以，保险业务经营必须有一个前提，就是保险业务经营在一定时期和一定范围内有足够多的同类同质保险标的，需要掌握足够多的投保人、被保险人、受益人和保险标的的数据和信息，这样才能通过大量数据，运用大数法则将一定时期和一定范围内的同类同质保险标的可能发生的危险转化为一定时期和一定范围内同类同质保险标的的确定性危险。

因此，从这个意义上来说，保险业务经营具有天然的收集信息、处理信息的需求。经营保险业务不可避免地需要收集投保人、被保险人、受益人等保险当事方和保险标的的信息，保险业务可以说是一种最传统的大数据业务,是最早进行大数据分析和信息处理的行业。处理数据和信息是经营保险业务的基础,也是保险行业赖以存在的基础。

同时,保险机构依法收集和处理客户信息也是保险业务合规经营所必需。根据保险法和保险业监管规定,保险机构承保时具有了解客户和完整记录投保信息的义务,保险公司承保时需要收集和录入客户信息和保险标的信息。除此之外,在传统的保障型保险业务之外,针对新型人身保险业务的发展,保险监管机构对保险公司提出了适当性管理要求,保险机构在适当性管理过程中也需要收集和处理客户信息,以便对客户风险承受能力进行测评,实现将适当的保险产品销售给适当的客户的适当性管理目标。

保险机构除了特有的处理客户信息要求之外,根据反洗钱法律法规的规定,保险机构为履行反洗钱等特定法律义务,依法也具有收集、记录、报送客户信息和交易信息的义务。为了满足保险业务经营合规性要求,保险业务经营过程中处理客户信息不仅是保险业务经营的基础条件,也是满足保险业务经营监管必须履行的法定义务,保险业务的展开不可能脱离对客户信息的收集和处理。

保险客户包括自然人客户和非自然人客户,相应的客户信息也包括自然人客户信息和非自然人客户信息。我国没有针对法人组织或非法人组织等非自然人客户信息保护的专门法律规范,针对非自然人客户信息保护的规定散见于保险法等保险业务经营法律法规和《民法典》《反不正当竞争法》等其他通用法律法规中,保护的内容也多集中于对投保人、被保险人、受益人商业秘密的保护。[①] 与自然人客户个人信息保护主要关注个人人格权的保护且兼顾对姓名权等人格权延伸财产权的保护不同,非自然人客户信息的保护主要关注商业秘密保护等财产权的保护,兼顾对非自然人客户名称权、名誉权和荣誉权的保护。鉴于保险业务经营过程中可能涉及的非自然人客户信息的保护,与商事主体参与其他民商事活动所要遵守的法律义务相比,没有特别之处,下文中对非自然人客户信息的保护不再具体展开。

---

① 参见《保险法》第116条。

随着法律法规的不断完善和互联网、大数据等新兴业务的迅猛发展，消费者权益保护和个人信息保护越来越受到社会和法律的重视。保险业务经营过程中涉及的个人信息保护正是从消费者权益保护开始，2013 年 10 月 25 日修改后的《消费者权益保护法》，首次在法律中对消费者个人信息保护提出了明确的要求，[①]2020 年 5 月 28 日全国人大通过的《民法典》更是以专章对个人信息保护进行了规定，对个人信息保护给予了更加严格的特殊保护。此后，全国人大常委会于 2021 年 8 月 20 日通过《个人信息保护法》，以专门立法的方式对个人信息进行专门法保护。

保险业务经营过程中对自然人客户信息的保护不同于非自然人客户信息的保护，保险业务经营不仅需要遵守《民法典》《保险法》《反不正当竞争法》等商业经营所需遵循的法律法规，还需要遵循《消费者权益保护法》《个人信息保护法》等法律法规对个人信息保护的特别要求，不仅需要依法承担平等主体之间的合同责任和民事侵权责任，还需要承担行政责任和行业自律责任。当然，无论是自然人客户信息保护还是非自然人客户信息保护，如果触犯刑法，相关主体都需要依法承担刑事责任。鉴于本书聚焦于保险业务经营过程中涉及的民商事和行政监管合规而不涉及刑事合规，故对于可能产生的刑事责任不再展开论述。

---

① 参见第十二届全国人大常务委员会第五次会议通过的《关于修改〈消费者权益保护法〉的决定》第 12 条规定，在《消费者权益保护法》中增加一条，作为第 29 条："经营者收集、使用消费者个人信息，应当遵循合法、正当、必要的原则，明示收集、使用信息的目的、方式和范围，并经消费者同意。经营者收集、使用消费者个人信息，应当公开其收集、使用规则，不得违反法律、法规的规定和双方的约定收集、使用信息。经营者及其工作人员对收集的消费者个人信息必须严格保密，不得泄露、出售或者非法向他人提供。经营者应当采取技术措施和其他必要措施，确保信息安全，防止消费者个人信息泄露、丢失。在发生或者可能发生信息泄露、丢失的情况时，应当立即采取补救措施。经营者未经消费者同意或者请求，或者消费者明确表示拒绝的，不得向其发送商业性信息。"

第一节　客户个人信息保护合规概述

在公民个人信息保护方面，我国专门个人信息保护法律法规可以追溯到全国人大常委会2009年2月28日公布实施的《刑法修正案(七)》。该修正案首次将非法出售或者非法将公民个人信息提供给他人的行为入刑。2012年12月28日，全国人大常委会颁布了《加强网络信息保护的决定》，首次对公民个人电子信息的定义、保护范围、义务主体、义务规范、维权途径以及法律责任等基本事项进行了规定，为个人信息保护提供了统一的法律保护依据。在此基础上，国家工业和信息化部于2013年发布了《电信和互联网用户个人信息保护规定》，对电信业务经营者和互联网信息服务提供者收集使用个人信息进行了规范。

2013年10月25日，全国人大常委会通过了《消费者权益保护法》修改决定，在消费者权益保护法中明确规定消费者个人信息受法律保护，并对经营者收集、使用消费者个人信息制定了明确的规定。2016年11月7日，全国人大常委会通过了《网络安全法》，在网络信息安全和网络运行安全的章节中，对个人信息保护作出较为全面的规定，为信息保护执法工作提供了法律依据。《民法典》则更是以专章对个人信息保护进行了规定，对个人信息保护作出了更严格的特殊保护。2021年8月20日，十三届全国人大常委会三十次会议表决通过《个人信息保护法》，《个人信息保护法》作为我国个人信息保护领域的基础性专门法律，填补了我国个人信息保护法律体系空白，是我国个人信息保护和促进数字经济发展的基础性法律规范。《个人信息保护法》明确了个人信息的概念和内容，明确了信息处理者应承担的义务和责任等，是保险业务经营中自然人客户个人信息保护的基础性法律渊源。

具体到保险业务经营中自然人客户个人信息保护规定，除修订后的《消费者权益保护法》外，原保监会在此基础上于2014年11月14日发布了《关于加强保险消费者权益保护工作的意见》，对保险业务经营者明确提出了保障消费者信息安全的要求，并对保险业务经营者收集、使用、保管个人信息提出了明确的要求。2023 年 3 月 1 日，原银保监会发布的《银行保险机构消费者权益保护管理办法》正式施行，该办法全面覆盖了银行保险机构消费者的权益，其中信息安全权部分则从收集、使用、传输消费者个人信息等方面，对银行保险机构保障消费者信息安全作出了更详细的规范和指引，包括保险公司、保险从业人员、合作的互联网平台应该遵循的基本原则和具体要求。

互联网和数字化已经深深改变了人们的生活和商业生态，还将带来颠覆性的改变，在享受数字化带来便利的同时，个人信息和数据更容易被收集、使用和处理，个人信息或数据若发生泄露可能造成后果会将更为广泛和严重。这不仅仅是对公民个人信息保护的一道难题，对于保险、银行、证券、期货等负有信息保护义务的金融机构来说更是一项必须解决的合规挑战。确保保险业务经营活动中客户信息的合法、安全处理，保护客户信息主体的权益，打击客户信息泄露、滥用等行为，不仅关乎客户权益，也涉及国家安全、社会秩序、公共利益和保险机构本身业务经营的可持续性。

第二节　客户个人信息处理合规

保险机构处理自然人客户个人信息主要可以归纳以下三类。第一类：对投保人、被保险人、受益人作为一方当事人或关系人的合同所必需的自然人客户个人信息的处理；第二类：对与签署或履行保险合同没有直接关联的自然人客户个人信息的处理，如保险公司业务宣传、招揽业务过程中对潜在自然人客户个人信息的处理；第三类：对个人自行公开或者其他合法公开的个人信息的处理。

根据《个人信息保护法》，对于第一类自然人客户个人信息，保险机构可以基于为订立、履行个人作为当事人的合同所必需而取得处理自然人客户个人信息的资质。对于第二类个人信息，因为缺乏这一要件，保险机构处理该类个人信息需要取得个人同意,依法需要取得个人单独同意或书面同意的,需要取得相关材料。对于第三类个人信息,根据《个人信息保护法》的规定,除个人明确拒绝或对于个人权益有重大影响的已公开个人信息需要取得个人同意外,保险机构可以在合理范围内处理。保险机构需要针对不同种类的个人信息取得处理个人信息的资质,以保证其是有权处理个人信息的合规机构。在保险业务开展的不同阶段,保险机构应采取不同方法审慎处理个人信息。

一、不同业务阶段的个人信息处理

(一)保险条款制定、费率计算过程中的个人信息处理

保险条款制定、费率计算包括宏观和微观两个方面。宏观方面指的是格式条款的制定和保险精算,这一方面主要涉及对保险机构历史数据的使用和公开信息的处理,保险机构需要确保其处理的个人信息在原有历史信息的合理使用范围之内,不损害个人信息提供者的合法权益,依法合规地对个人信息进行去标识化处理和匿名化处理。微观方面是指在展业、核保、承保过程中与具体客户之间的保险条款和保险费率的协商和确定。随着保险业越来越深入到我国社会的方方面面,我国社会对保险的意识也越来越清晰,保险客户在投保过程中会提出特有的需求,保险机构提供的保险产品越来越表现出具体化特定化,在具体保险业务开展过程中保险条款制定和费率调整的需求越来越大。保险条款和保险费率的确定与被保险人以及保险标的的具体情况密切相关,保险机构核保、承保也依赖于具体的投保人、被保险人、受益人和保险标的的信息,保险机构在设计具体保险产品时必然需要收集客户个人信息。

保险机构处理个人信息要在保险业务经营需要目的范围内,诸如评估风险、制定保险方案、签发保单、结算理赔等,不得超范围过度收集个人信息,并且需要明确告知被保险人、受益人或投保人。在设计保险条款时,保

险机构应遵循最少化原则收集和处理个人信息,只收集和使用必要的个人信息,不得过度收集或使用个人信息,只能收集与保险业务相关的必要信息。保险产品中也应包含隐私保护政策条款,用以向客户说明保险机构及从业人员的保密义务组成等。

(二)保险业务推广中的个人信息处理

保险机构为拓宽客户,在宣传推广过程中可能会收集部分客户的个人信息,可能包括姓名、联系方式、身份证号码等,也可能涉及家庭情况、财务状况等敏感信息。对于在宣传推广阶段收集的客户信息,需要履行保密义务,严格遵循隐私保护政策和条款,防止因泄露客户个人信息给保险业务或保险机构及保险从业人员造成严重的影响。

(三)承保和理赔中的个人信息处理

保险公司及相关机构的保险从业人员在开展保险业务流程中不可避免需要收集和处理大量消费者的客户个人信息。在此过程中,保险机构和从业人员都需对各个环节中的客户个人信息安全保持谨慎态度。

在承保阶段中,保险机构需要收集的客户个人信息一般包括投保人、被保险人、受益人的详细身份信息;若投保的是人身保险,还会包括被保险人的健康信息、医疗信息等;若投保财产保险,则还会包括汽车牌照、汽车品牌和型号、汽车估值,房产地址、房产证信息、房产估值等保险产品涉及的保险标的财产信息。保险机构需要在收集客户个人信息的过程中向被保险人、受益人或投保人进行明示告知,包括对个人信息的收集目的、使用范围、存储期限、共享情况等的明确告知,并且需要以清晰易懂的方式告知。

在理赔阶段,保险机构亦需要获取客户个人信息,借以评估理赔申请的合法性和有效性。保险理赔涉及的个人信息可能包括身份证明、医疗记录、收据和支付信息等。无论理赔与否,这些数据的收集都需要基于履行客户作为当事人的保险合同所必需的范围内或另行征得客户同意,收集取得的全部数据信息都需要保险机构采取保密措施,保证理赔流程正常进行,保证客户的合法权益不受到侵害。

保险机构收集取得客户个人信息后,需要采取适当的技术和组织措施,确保个人信息的安全性,包括使用加密技术、访问控制机制、定期备份和恢复等,防止客户个人信息被非法访问、非法使用或不当泄露。保险机构也需要定期进行安全风险评估,发现潜在安全风险并应当及时采取解决措施;依法进行安全合规审计,对信息系统和操作流程进行检查,确保安全措施有效合规。

保险机构在处理客户个人信息时,需要确定客户个人信息的保留期限,达到保留期限后及时删除或进行匿名化处理。客户对其个人信息处理有明确要求的,保险机构应遵循客户的要求处理其个人信息,且只要客户对个人信息的处理不实质影响保险合同的签订和履行,保险机构不能因客户对其个人信息处理另有要求而拒绝提供保险服务。

(四)保险合作机构之间客户个人信息的传输

随着保险行业的发展,保险公司、保险经纪公司、保险代理公司、保险公估公司等各类保险机构的分工越来越细化,保险机构与互联网及大数据处理机构之间的委托和合作也会越来越普遍。不同从业主体间的数据共享和传输,必然增加数据泄露的风险。因此,保险机构与合作伙伴进行数据分享时,需要签署保密协议和数据处理协议,明确各方的责任和义务,同时保险机构需要加强对合作伙伴的监督管理。为了避免信息在分享传输过程中的被窃取或篡改,保险机构与合作机构之间还应考虑采用安全加密通信渠道,诸如虚拟专用网络(VPN)、安全套接层(SSL)协议等,以确保客户个人信息传输的安全性。

客户个人信息共享和传输后,接受数据的机构需要承担数据加密、限制访问权限等客户个人信息保护义务,应当严格限制访问客户个人信息的权限,只允许被授权人员访问相关信息,对敏感信息应采取专业技术进行加密,以提高信息安全性。

接受数据的机构应与输出数据的机构共同建立完善的数据保护制度和

应急预案,管理和应对可能发生的数据泄露等信息安全事件,及时防灾止损,将对客户个人信息安全的损害限定在最小范围内。

二、客户个人信息处理的关键风险防控环节

(一)个人信息收集环节

1. 未依法收集客户个人信息

个人信息的收集应该遵循合法、合规的原则。根据《个人信息保护法》的规定,保险机构收集客户个人信息必须满足签订、履行客户作为当事人的保险合同所必需或客户个人同意的要求。如果保险机构没有依法收集客户个人信息,客户可能选择终止或解除保险合同并要求保险机构删除已经收集的个人信息,也有权向相关保险监管机构、消费者协会或其他相关机构投诉,或者依法向法院提起诉讼,要求保险机构承担相应的法律责任。因不符合法律法规的条件收集公民个人信息造成损害的,保险机构及相关从业人员在面临刑事、行政和监管责任的同时,可能会面临客户的赔偿损失民事责任追索。

2. 超出业务办理所必需范围收集个人信息

若保险公司、保险中介机构、保险公估机构等保险机构超范围收集客户个人信息,会增加客户个人信息被滥用以及客户权益受到侵害的风险,除依法承担法律责任外,超范围收集个人信息也可能导致客户对保险机构的信任破裂,从而影响保险机构的声誉和业务发展。

3. 要求给予不合理的授权或概括性授权

在给予授权之前,客户有权了解授权的目的和范围。如果授权的要求与具体办理的保险业务办理无关,或超出合理范围,客户有权拒绝提供授权。在签署或点击授权文件之前,应保证客户有仔细阅读授权条款的机会,以确保客户自己清楚授权的内容和影响,保险机构及业务相关人员需要明确告知说明。如果存在不合理的授权内容,客户选择拒绝签署或点击同意,

保险机构不得因此拒绝向客户提供保险服务。

4. 客户个人信息审核不严谨

保险机构及从业相关人员对客户个人信息审核不严谨，客户有权采取措施保护自己的权益，并有权通过投诉和举报来促使保险机构加强对其个人信息的保护。保险机构及从业相关人员应该严格履行客户个人信息审核职责，以确保对客户个人信息审核严谨有效，防范客户个人信息泄露和被滥用等风险。

（二）个人信息存储和传输环节

1. 电子数据存储管理混乱

保险机构应使用加密技术对客户个人信息加密存储，以确保客户个人信息在储存环节的安全性。同时，保险机构还需定期检查和更新客户个人信息系统的安全漏洞，对已发现的安全问题及时修复，以确保个人信息的安全性。

2. 纸质材料保存管理混乱

虽然数据化存储和运输逐渐普及，但是纸质材料在当前保险行业仍是重要的存储媒介，保险机构在逐步重视电子数据的同时，仍需要进一步完善纸质材料保存档案制度，做好保密及存档工作，以有效禁止违规查询、复制、篡改客户个人信息。

3. 以不安全渠道泄露客户个人信息

保险机构应避免系统或操作风险导致客户个人信息外泄，并应该采取有效的网络安全防护措施，包括但不限于采用防火墙、入侵检测系统、安全认证、外部网络接入权限分配及审查等措施，防范自然人客户个人信息受到网络攻击、恶意软件侵害或不当泄露等。

（三）客户个人信息查询环节

1. 查询权限管理混乱

保险机构查询权限管理混乱，可能会导致从业相关人员滥用查询权限，诸如访问客户个人信息进行不当销售或其他个人目的,这可能导致不公正竞争和投诉,损害客户利益和信任度,保险机构除应依法承担法律责任外,还需承担其商誉和业务受到不利影响的后果。从客户个人信息保护角度看,查询权限管理混乱可能会导致未经授权人员获取客户的个人敏感信息,进而引发隐私泄露问题,可能会损害客户权益,保险机构会面临的法律责任风险巨大。

2. 查询业务操作不规范

保险机构相关从业人员应限于在其职责和权限内处理客户个人信息,需要加强对从业人员的信息安全教育和培训,以提高从业人员的信息安全意识和技能,让他们了解个人信息的重要性和保护措施,避免因从业人员的原因使保险机构处于经营风险之中。

(四)个人信息删除环节

1. 未明确客户个人信息删除流程

保险机构应建立完善的客户个人信息删除制度,明确规定删除时间、方式和流程,以及对客户个人信息进行备份存储、删除操作的记录和审计机制等。在删除客户个人信息之前,保险机构应当对客户敏感个人信息进行脱敏化处理,以确保删除后无法恢复原始信息,避免造成个人信息二次伤害。保险机构并应在删除客户个人信息之前,通过适当的方式向客户告知删除相关事项,以确保客户知情权。

2. 未及时删除客户个人信息

根据《个人信息保护法》等法律法规规定,个人信息应当设立保存期限,但法律法规对保存期限的具体长短仍处于模糊定义状态,实务中难以界定保存期限的具体时间。客户个人信息作为保险机构最为重要的数据资产,保险机构很少主动删除。从法律角度来讲,保险机构应当按法律法规的要求及时删除客户个人信息,并且这属于主动义务,保险客户也享有请求删除的救济权,保险机构需要在长期保存使用客户个人信息与删除客户个人信息主动义务之间取得平衡。

（五）第三方合作环节

1. 与第三方合作机构合作不审慎

保险机构与第三方机构进行合作，需要遵守相关的法律法规和监管要求，应与合作伙伴和服务供应商签订保密协议和责任约定。保险机构作为保密义务最主要的责任主体，要对与其合作的第三方机构进行严格风险评估和审查，应加强对外部合作伙伴的监督和管理。

2. 违反规定向第三方合作机构提供客户个人信息

保险机构及其从业人员应当按照保险合同约定和法律规定限于向必要的第三方合作机构提供客户个人信息，违规向第三方合作机构提供客户个人信息的行为面临违法风险，包括隐私泄露、信息安全等方面的法律风险，不仅面临刑事和行政、监管风险，受影响的客户也可以根据相关法律法规寻求赔偿或提起诉讼，保险机构或相关从业人员则需要承担民事赔偿责任。

第三节　客户个人信息保护合规案例评析

案例一：保险公司利用公民个人信息展业，侵犯个人隐私权[①]

案情简介

某保险公司利用电话号码等自然人客户个人信息多次向某自然人客户推销车辆保险，该自然人以该保险公司非法收集、利用其个人信息，侵害了该自然人的隐私权，依法应承担侵权责任为由，诉请该保险公司依据《侵权责任法》（已失效）第 2 条和第 15 条公开赔礼道歉并赔偿损失。法院审理后

---

① 罗某诉某保险公司隐私权纠纷案，湖南省郴州市北湖区人民法院（2014）郴北民二初字第 947 号民事判决书。

作出生效判决,认定该保险公司非法收集、利用某自然人个人信息,多次致电该自然人推销车辆保险,侵扰了其的正常生活,又拒不说明如何获取个人信息,造成该自然人精神损害,且该案经媒体报道后在社会上造成了较大影响,支持了某自然人诉请,判令该保险公司向该自然人赔礼道歉并赔偿其精神损害抚慰金 1 元及通话费 4. 54 元,共计 5. 54 元。

案例评析

法律上规定的自然人隐私,是指自然人的私人生活安宁和不愿为他人知晓的私密空间、私密活动和私密信息[①]。根据《民法典》第 110 条、第 1032 条的规定,自然人享有隐私权。任何组织或个人不得侵害他人的隐私权。自然人对他人在何种程度上介入自己的私生活、对自己的隐私是否向他人公开以及公开的人群范围和程度等事项具有决定权,刺探、调查个人信息或者未经权利人许可,擅自公开或者非法利用其姓名、住址、身份证号、电话号码等个人信息,法律上即构成对权利人隐私权的侵害。本案中,保险公司员工多次致电某自然人推销车辆保险,并且能准确说出其车辆保险的相关信息,影响了自然人私人生活安宁,构成隐私权侵权[②]。本案发生和判决于《民法典》和《个人信息保护法》公布实施之前,该保险公司收集和使用公民个人信息需要征得公民个人同意,即使在《民法典》和《个人信息保护法》公布实施后的今天,因为该保险公司在推销保险产品过程中利用收集的公民个人信息进行展业,与自然人之间并不存在该自然人作为当事人的保险合同的签订或履行的需求,收集自然人个人信息也需要取得该自然人的同意,涉及敏感信息的,还需要取得自然人的单独同意。如果该案例发生和判决于《民法典》和《个人信息保护法》公布实施之后,如保险公司无法提供证据证明其利用的自然人个人信息已征得个人同意,除了需要承担隐私侵权的民事法

① 参见《民法典》第 1032 条。

② 参见陈建华:《侵害公民个人信息的赔偿责任》,载《人民司法(案例)》2016 年第 29 期。

律责任外，还需要承担《个人信息保护法》下的非法收集自然人个人信息的行政责任和民事责任。

保险机构在与客户订立保险合同，对不特定的客户进行展业，使用其掌握的或从其他合作方取得的自然人个人信息，很可能会出现未经自然人同意收集或超过原个人信息使用目的、方式或范围使用个人信息的问题，构成违法处理个人信息的风险较大。保险机构应对此种情形下利用自然人个人信息制定专门的程序和流程，以保证合法处理个人信息，保障客户合法权益不受侵犯。

案例二：业务人员出售公民个人信息，追究侵犯公民个人信息罪①

案情简介

某投保人通过某保险公司业务人员在某保险公司处投保终身寿险，并签订了保险合同。此后，投保人手机上不断收到骚扰短信息，不断发现陌生人在微信中给投保人发送终身寿险电子版。投保人在发现其个人信息被泄露后，与保险公司进行了交涉。经保险公司调查，发现系保险公司业务人员利用其在保险公司的工作便利，非法获取车主姓名、车牌、联系方式等公民个人信息并出售给某汽车维修公司所致。法院审理后以保险公司业务人员侵犯公民个人信息罪判处其拘役 4 个月，缓刑 4 个月，并处罚金，没收非法获利。

案例评析

保险行业是在收集客户信息通过大数据处理为基础的行业，处理客户

---

① 裘某某侵犯公民个人信息案，浙江省绍兴市越城区人民法院（2020）浙 0602 刑初 428 号刑事判决书。

信息是保险机构的日常业务类型。根据《民法典》和《个人信息保护法》的规定,无论是自然人客户还是非自然人客户的信息均受法律保护,个人信息处理者应依法取得并确保信息安全。

本案中,保险公司业务人员利用职务之便非法获取并出售公民个人信息已受到刑事处罚,虽然最终没有判决保险机构承担公民个人信息被非法出售的法律责任,但保险机构应引以为戒。保险机构在提供保险服务过程中需要获取大量的客户个人信息,其业务人员全程参与客户信息的收集,相对容易非法私自获取和利用客户个人信息,侵害客户权益。保险机构作为《个人信息保护法》下的个人信息处理者,具有法定的确保个人信息安全的义务,出现其业务人员非法获取或利用客户个人信息,轻则需要承担被保险监管机构处罚等行政上的责任和监管责任、自律责任,重则会严重影响保险机构的市场声誉,带来重大损失。

案例三:业务人员非法获取并使用公民个人信息,追究职务侵占罪[①]

案情简介

某保险公司上海分公司系上海保险行业龙头企业之一。该保险公司业务负责人与公司外人员合谋,由公司业务负责人指使下属收集并控制公司新进保险业务员账号,利用包含公民个人信息和保单内容等保单信息,以该保险公司员工的名义联系投保人,以"产品升级""原保单全额退保"等为名义,诱骗投保人将原保单退保后购买新保单,并将新保单"挂单"在其控制账号的新进保险业务员名下,获取该保险公司支付给新进业务员的新人训练津贴、增员奖等额外奖励。

检察院以职务侵占罪、侵犯公民个人信息罪,分案对相关业务人员提起

① S保险公司业务总监徐某乙、"保险黑产"犯罪团伙徐某甲、朱某某等7人职务侵占、侵犯公民个人信息案,最高人民检察院发布6件检察机关依法办理民营企业职务侵占犯罪典型案例(2022年4月19日发布)。

公诉。法院审理后，以构成职务侵占罪、侵犯公民个人信息罪，对保险公司业务领导及相关业务人员、公司外人员判处刑罚。

案例评析

本案中，保险公司业务负责人与公司外人员内外勾结形成黑色产业链，以“挂单”形式骗取保险公司钱款，构成职务侵占罪，非法获取和利用公民个人信息构成侵犯公民个人信息罪。相关人员已依法被追究刑事责任，但对于保险业务机构而言，也需要引以为戒。该保险公司同样存在没有履行《个人信息保护法》下确保个人信息安全法律义务的情况。虽然法院没有追究保险公司的刑事责任，保险客户也没有对保险公司提起民事赔偿诉讼，但从个人信息保护角度保险公司需要对个人信息的处理进行整改，可能需要承担相应的监管责任，对其声誉和后续业务的发展也会造成不利影响。

案例四：企业员工泄露个人信息，公司被追究行政处罚责任①

案情简介

某保险公司职工利用其职务便利，非法获取和泄露其在从事业务活动中取得的投保人、被保险人个人信息。原银保监会以该保险公司案防管理不到位为由，根据《保险法》第 161 条的规定，对该保险公司作出罚款 10 万元的行政处罚，对公司负责人作出警告并罚款 2 万元的行政处罚。

案例评析

根据《保险法》第 116 条的规定，保险公司及其工作人员在保险业务活

① 原银保监会六盘水银保监分局发布的六银保监罚决定（2022）9 号行政处罚书。

动中不得泄露在业务活动中知悉的投保人、被保险人的商业秘密,不得有违反法律、行政法规和国务院保险监督管理机构规定的其他行为。根据《个人信息保护法》第51条的规定,个人信息处理者应当采取措施确保个人信息处理符合法律、行政法规的规定,防止未经授权的访问以及个人信息的泄露、篡改或丢失。保险机构作为个人信息处理者在《个人信息保护法》下具有确保个人信息安全的法定义务。如果发生保险机构工作人员利用职务便利非法获取或利用客户信息,即使保险机构本身也受到损害,监管机关也会根据实际情况对保险机构进行行政处罚或监管处罚,造成保险机构进一步损失。保险机构应加强内部管理流程和技术措施,确保不发生个人信息被非法获取或不当泄露的事件。

案例五:保险代理人非法获取公民个人信息,公司被行政处罚①

案情简介

某保险公司保险代理人董某未经个人同意从他人处非法获取车辆号牌、所有权人信息、手机号码等公民个人信息。原银保监会南通监管分局以该保险公司没有制定明确的制度约束业务人员通过非正当渠道获取公司信息为由,对该保险公司作出了罚款1万元等行政处罚。

案例评析

在《民法典》和《个人信息保护法》公布实施之前,保险行业内对业务人员从他人处非法获取客户个人信息没有进行规定,但原银保监会发布实施的《保险公司管理规定》第55条规定保险公司应当建立健全的公司治理结构,加强内部管理,建立严格的内部控制制度等相关规定。在《民法典》和

① 原保监会南通监管分局发布的通银保监罚字(2019)20号行政处罚书。

《个人信息保护法》公布实施之后，法律已明确规定自然人的个人信息受法律保护，保险机构不仅对于在业务经营活动中公司及业务人员处理个人信息的安全承担法定义务，对于其保险业务人员在从事保险业务过程中非法从其他个人信息处理者处获取的自然人客户个人信息的处理也需承担法律责任。保险机构不仅需要关注内部的个人信息处理和安全，还需要建立严格的内部管理制度和内控制度，对保险机构业务人员使用的个人信息来源进行管理，防范业务人员使用的客户个人信息来源不合法，而被要求承担行政、监管或民事赔偿责任。

第四节　客户个人信息保护合规建议

一、强化客户个人信息的来源管理

保险机构无论是针对特定主体的产品销售还是针对不特定主体的产品销售都有可能涉及使用客户个人信息。保险机构有保证其使用的客户个人信息具有合法来源的法定义务。

对于保险机构自行收集的客户个人信息，因为这个阶段还是要约邀请阶段，不涉及保险合同的签订或履行，保险机构不能以签订、履行个人作为当事方所必需的收集客户个人信息为由收集相关信息，这一阶段收集客户个人信息需要取得客户单独的同意。同时，鉴于保险客户的个人信息大多构成敏感信息，保险机构在收集客户个人信息时还需要依法取得客户的单独同意或书面同意。

对于保险机构利用原来业务活动中已收集的客户个人信息推销新的保险产品，因为此时已超过当时原签订、履行的保险合同范围，保险机构也应在推销新的保险产品前另行取得客户同意，或者在原有个人信息收集时提前取得客户同意。根据《个人信息保护法》的规定，保险机构利用已收集的个人信息进行自动化决策的，还应遵守个《人信息保护法》关于个人信息处理者利用个人信息进行自动化决策所应遵循的规范。

特别需要关注的是，保险机构从其他方取得客户个人信息进行保险产品推销活动。根据《个人信息保护法》的规定，个人信息处理者处理个人信息需要有明确、合理的目的，并应当与处理目的直接相关。处理个人信息的目的、方式和种类发生变化的，应当重新取得个人同意。个人信息处理者向其他个人信息处理者提供其处理的个人信息时，需要将接受方的情况告知个人并取得个人的同意。所以，原则上个人信息处理者收集的个人信息并不能提供给其他单位或个人使用。保险机构应严格限制从业人员直接从其他方获取个人信息用于展业，特殊情况下需要从其他方获得的，其他方应提供已事先取得个人事先明确同意的材料，以防因非法获取公民个人信息而承担法律责任。

二、强化客户个人信息的使用管理

个人信息处理应满足合法、正当、必要和诚信原则，不能通过误导、欺诈、胁迫等方式处理个人信息。保险业务经营过程中，处理个人信息的场所不尽相同，合法合规要求也不完全一样。保险机构有可能为了满足金融机构对客户尽职调查、个人保险实名制管理相关法律法规的法定义务所需处理个人信息，也有可能是为签订、履行个人作为当事方的合同所需处理个人信息，还有可能是为签订、履行其他合同或者其他需经个人同意的情形所需处理个人信息。不同的个人信息处理场景个人信息处理的法定依据、目的、方式、范围等情形均不同，如果未经客户同意将满足金融机构了解客户、适当性管理过程所需收集个人信息用于新保险产品的推销，虽然该等个人信息在原有场景之下处理是合法合规的，但因为用于场景之外的目的，在没有另行取得客户同意的情况下，也会构成违法违规。所以，保险机构应明确收集个人信息的场景，遵循合法、正当、必要基本原则，明晰对应的合法处理理由，做好相应的合规管理，防范因公司内部治理或内控制度不完善而承担行政监管或民事赔偿责任。

此外，保险机构还应当不断完善权责相适当的管理体制，遵循权责对应原则，按照客户个人信息收集、记录、存储、维护、使用的不同职能进行分工，严格权限管理，明确相关部门、人员对相应环节的客户个人信息管理责任，确保职责明确，权责统一，以有效提高相关人员对客户个人信息保护的重视程度，避免信息泄露等事件发生后可能导致的责任不明。

三、强化客户个人信息的安全管理

个人信息处理者有确保个人信息安全的法定义务。保险监管机构也在保险公司内部制度建设方面提出了许多要求。如原银保监会发布的《个人金融信息保护技术规范》，要求保险公司建立客户信息分级保护制度，对于不同类型的客户信息规定相应的合规保护标准，并在实践中加以贯彻落实。同时要求保险公司完善个人信息内部访问权限制度，严格控制授权审批流程，实现异常操作行为的有效监控和干预，确立相应的责任承担机制，做到职责清晰，权责分明。

对个人信息保护影响评估制度应不断加以完善。在处理敏感个人信息、委托处理个人信息及开展其他对个人权益有重大影响的信息处理活动前，保险公司并应当进行个人信息保护影响评估，并妥善保管相关记录至少3年。要求保险公司建立个人信息保护合规审计制度，指定针对性的合规部门定期对相关法律、法规的遵守情况进行合规审计，确保不断追踪跟进最新监管动态，避免信息获取时间差导致不必要的违规事件发生，保险公司应不断完善个人信息安全事件处置制度，根据相关标准制定个人信息安全事件应急预案，在发生客户信息泄露实践后应当在第一时间采取补救措施，避免损失扩大给客户带来进一步的损失。最后，应当加强对保险销售从业人员及内部相关工作人员的培训与教育，防止违规、越权处理个人信息，最大程度保护客户个人信息安全。

四、强化外部机构的合作管理

在外部机构合作方面,由于保险机构在开展保险业务过程中往往与外部机构相互进行大量的业务合作,合作期间可能涉及客户个人信息在不同主体之间的传输活动。因保险业务特点和监管特征,保险行业个人信息从第三方获取的现象较为常见,主要包括如下渠道:直接保险业务中保险公司从投保人获取被保险人、受益人个人信息;再保险业务中再保险人从直接保险公司获取个人信息;保险监管机构因履行监管职责从保险机构获取客户个人信息;还有其他情形,如基于核保、防范保险欺诈、反洗钱等目的开发风控系统,从医疗机构、征信机构、其他金融机构获取信息等。而对于向第三方提供数据,保险机构可能向保险集团内成员公司共享;向其他委托提供必要服务的合作伙伴共享;向再保险接受人共享;向保险监管机构共享;在保险领域技术开发中向科技企业提供样板数据等。①《个人信息保护法》认为个人信息的跨主体传输属于高风险个人信息处理场景,为满足合规要求规避法律风险,保险机构应从以下几个方面加强管控。

1. 事前审查:保险公司应事先完成个人信息安全影响评估,并对中介机构、合作方、供应商等第三方机构的资质与数据保护能力开展必要的审查,加强第三方机构管理,保护客户信息安全。

2. 协议约束:《个人信息保护法》对于个人信息的共同处理、委托处理以及向第三方提供处理进行了原则性规定。因此,保险机构与第三方的合作协议中,应当注重对数据安全和个人信息保护方面的约定,结合双方的合作地位、数据和个人信息处理活动的具体内容等合理分配彼此的权利和义务。

3. 合作监督:保险机构应当加强管控与其合作的其他机构收集处理投保人、被保险人、受益人以及保险业务活动相关当事人个人信息的收集处理

① 参见张坤:《〈人信息保护法〉对保险行业的影响与应对建议》,载《清华金融评论》2021 年第12 期。

行为,定期了解其他机构执行协议个人信息保护要求的具体情况。保险机构可以视实际情况对第三方合作机构采取检查、审计、持续监控等合规性监督措施,尤其对可以接触到保险机构核心系统或数据的第三方人员采取必要的管理手段。当发现其他机构存在违反协议要求情形时,保险机构应当及时采取措施予以制止和督促纠正,并依法追究该机构责任。

4. 保密措施:与第三方机构合作过程中,保险机构应当采取加密或脱敏等方式尽可能减少向外部机构提供可识别至个人的数据,或利用隐私计算等技术方案避免数据或个人信息的直接传输,从而降低泄露和滥用的风险,保障个人信息主体权益。